메갈과 저항의 위기
왜 약자들은 추하게 보이는가?

메갈과 저항의 위기
왜 약자들은 추하게 보이는가?

2017년 4월 14일 1판 1쇄 인쇄
2017년 4월 24일 1판 1쇄 발행

지은이	장의준
펴낸이	한기호
편집인	김종락
출판기획	대안연구공동체
편집·디자인	프로므나드
펴낸곳	길밖의길
출판등록	2015년 7월 6일 제 2015-000211호
주소	121-839 서울시 마포구 동교로 12안길 14(서교동) 삼성빌딩 A동 2층
전화	02-336-5675
팩스	02-337-5347
이메일	kpm@kpm21.co.kr
홈페이지	www.kpm21.co.kr
ISBN	979-11-87552-02-4 03300

길밖의길은 한국출판마케팅연구소의 임프린트입니다.
책값은 뒤표지에 있습니다.

머리말

"Ich habe meinen Regenschirm vergessen."
- Nietzsche

"나는 우산을 잊어버렸다."
- 니체

결혼 전의 어머니는 한편으로는 집시 생활을 꿈꾸고, 다른 한편으로는 커리어 우먼을 꿈꿨던, 평범하지만 사회적 야망이 있고, 말괄량이지만 삶의 근원적 의미에 목말라 하느라 몹시 우울하던, 신문방송학을 전공하던 대학생이었다. 이 당시 그녀 앞에는 많은 가능성들이 놓여 있었을 것이다. 그러나 저 많은 가능성들은 졸업 직후에 한 결혼과 더불어 사라졌고, 남은 것은 '목사의 아내'라는 명찰이 붙은 전업주부라는 단 하나의 길이었다. 젊은 목사와 결혼

한 것은 분명히 그녀의 선택이었다. 하지만 이것은 얼마나 자유로운 선택이었을까? 자신이 처한 사회적 조건으로부터 완전히 자유로운 선택은 과연 가능할까? 그녀는 종교적 진리의 일상적 실천 속에서 삶의 의미를 구하고자 결단했다. 그러한 그녀의 선택은 그 당시의 가부장적 현실에서는 실현 불가능했던 독립적인 여성의 의미 있는 삶이라는 '이상'의 '현실적' 대체물은 아니었을까? 지금도 그녀는 호스피스 활동을 하면서 기독교인 여성의 삶을 영위하고 있다. 이제 많이 늙어 버린 그녀는 편안해 보이며, 행복해 보인다. 말하자면, 여성을 억압하는 현실 속에서도 그녀의 삶은 의미로 충만해 보이며, 심지어 빛나 보이기까지 한다. 하지만 언제부턴가 아마도 아주 오래전부터 그녀는 우산을 잊어버리는 버릇이 생겼다.

프로이트는 건망증과 같은 심적 증상은 그 배후에 환자 본인이 의식하게 되는 것을 두려워하는 무의식적인 과정이 잠재해 있다는 가설을 제시했다.

혹시 그녀가 우산을 잊어버린다는 것도 이러한 증상의 하나가 아닐까? 그녀는 현실원칙과 타협한 현재의 행복을 위해 무엇인가를 의식으로부터 밀어내어 무의식의 영역으로 억지로 구겨 넣어 왔던 것은 아닐까? 그녀는 무엇을 마주보기를 두려워했던 것일까? 도대체 그녀가 줄곧 피하고자 했던 위험한 진실은 무엇일까? 그것을 그녀가 알아차릴 길이 있을까? 그것을 내가, 남자인 내가 이해할 수 있을까? 하지만 만일 그것이 그녀 자체를 구성하는 구조적 진실 중의 하나라면, 그리고 그것을 그녀 자신도 모르고 자식인 나도 모른다면, 그녀는 도대체 누구인가? 그리고 가까이 있는 그녀를 그저 멀리서만 이해하고 있을 뿐인 나는 누구인가? 가혹하리만큼 세차게 퍼부어 대는 이 물음의 소나기 속에서 그녀는 여전히 우산을 잊어먹는다. 그렇게 나 또한 우산을 잊어버렸다.

최근 박근혜 정권 퇴진을 위해 모인 촛불은 '민중' 또는 '시민'의 이름을 내걸었고, 우리 사회에서 배제된 자들의 입장을 대변한다고 자처했다. 그러나 촛불 안에서 나는 배제된 자들을 위한 자리를 발견하지 못했다. 촛불이 내세웠던 '민중' 또는 '시민' 속에서 배제된 자들은 셈해지지 않았고, 촛불의 주장 속에서도 배제된 자들의 입장은 셈해지지 않았다. 촛불이 말하는 '민중' 또는 '시민'은 안정된 중간계급을 지향하는 이들만을 지칭하고 있었고, 촛불의 주장은 부의 재분배보다는 공정한 경쟁을 중시하는 계급적으로 제한된 입장만을 반영하고 있었던 것이다. 소수의 큰 승자들이 독식하는 신자유주의에서 비교적 다수의 작은 승자들이 독식하는 신자유주의로, 투박하고 거칠게 경제적 약자들을 배제하는 정치에서 세련되고 깔끔하게 경제적 약자들을 배제하는 정치로, 이것이 '11월 혁명'의 실체이다. 그렇게 배제된 자들은 '민중' 또는 '시민'의 이름으로 모인 저항에서조차도 배제되었다. 배제하는 저항, 이게 저항인가? 촛불은 아직 꺼지지 않았다. 따라서 촛불은 '우리'와는 다른 약자들을 배제하지 않는 저항이 될 가능성을 여전히 지니고 있다. 하지만 촛불이 종국에 가서 서울시가 후원하고 야당 정치인들이 참여하는 정권교체를 위한 일종의 관제 행사에 그치게 된다면, 어버이 연합은 촛불의 미래다.

메갈 역시 배제된 자들을 배제하는 저항이었다. 그렇기에 메갈을 여자 일베라고 단죄하는 것은 쉬운 일이다. 이와 마찬가지로 촛불을 중간계급중심주의적 소비자운동이라고 단죄하는 것도 역시 쉬운 일이다. 하지만 배제하는 저항도 저항처럼 보이는 것이 사실이다. 그렇기에 메갈을 옹호하는 것도, 또 촛불을 옹호하는 것도 역시 쉬운 일이다. 하지만 손쉬운 단죄와 손쉬운 옹호는 그 자체로 또 하나의 배제이며, 이러한 배제의 처참한 결과를 직접 감내해야만 하는 것은 오로지 배제된 이들의 몫이다. 배제된 이들은 누구인가? 그리고 배제된 이들을 저항에서조차 다시금 배제하는 우리는 누구인가? 촛불은 우산을 잊어버렸다. 메갈은 우산을 잊어버렸다. 결국 우리의 저항은 '우리'에 포함되지 않는 다른 약자들을 잊어버렸다. 우리는 저항의 위기를 마주하고 있다.

문제는 우산을 바꾸는 것이 아니라, 저항의 방식을 바꾸는 것이다.

2017년 4월

장 의 준

차 례

머리말 3

서론 11

본론 16
    1. 암묵적 배제와 배제의 익명성: 상징적 질서 16
    2. 에이콘과 판타스마: 참된 저항과 거짓 저항 53
    3. 여성 이데올로기 88
    4. 아방가르드의 정치적 딜레마와 페미니즘의 딜레마:
       판타스마냐 에이콘이냐 127

결론 144

서론

"물어라. 묻기를 그치는 이들, 그래서 현실 문제에 대한 정답을 곧추세우는 철학자들은 둘 중 하나이다. 지적으로 불성실하거나, 아니면 사적인 욕심을 채우는 데 있어 지나치게 성실하거나. 그렇다면 차라리 쉴 틈 없이 피리를 입에 물고 있느라 게으를 수밖에 없는 성실한 베짱이가 되자. 나는 당신들이 쥐처럼 여기는 이들을 위해, 사라져 가는 이들을 위해 노래할 것이다. 그렇게 우리는 저항한다. 고로 사라진다. 노래하고 춤추며 사라져 가는 우리가 시끄러운가? 하지만 우리를 위한 노래가 사라져 갈

때 무언가가 당신들에게서도 사라져 간다는 것을 기억하길. 당신들을 아이처럼 소중하게 만드는 것, 그것은 윤리이다. 그러나 사라져 간다니! 도대체 그것이 있기나 했었다는 말인가? 어디에? 당신들 곁에? 위에? 밑에? 뒤에? 앞에? 아프게. 나는 마구 물어 대는 노래로 당신들의 마음을 '앙!' 하고 무는 사람. 철학자가 당신들에게 조화와 평화를 노래하는 거짓 답을 주려 온 줄 아는가? 아니다. 철학자는 당신들의 쪼끄마한 마음을 칼날처럼 베어 버리는 지랄 맞은 물음을 아프게 퍼부어 주러 왔다. 아픈가? 사라져 가는 우리를 위한 노래가 아프게 하는가? 하지만 미학은 이미 현실이다. 일상은 그 자체로 미적 가상이다. 문제는 이 미적 현실을 윤리화시키는 것이다. 미학의 윤리화. 그저 아름답게 보이기만 할 뿐인 개가 되지 않으려면, (남들 따라 짖어 대지 말고) 물어라.(찡긋)"

- 「피리부는 사람에 관한 엿같이 달콤한 소식」, 아장아장 주절주절

메갈 문제는 어떤 문제인가? 이 문제에 있어 우리는 물음 자체를 공식하는 것에 있어서 신중해야만

한다. 즉 '메갈'이라는 현상에 대해 진지하게 묻기 위해서는 (우리가 정말로 진지하길 원한다면!) 저 현상의 이면, 혹은 배후에 놓여 있는 '심층적' 의미를 물어야만 한다는 뜻이다.

메갈의 '미러링'은 악인가? 이는 도덕에 관한 질문이다. 그리고 현재 우리 사회의 도덕은 메갈의 '미러링'이 혐오 표현이기에 악한 것이라고 간주한다. 이걸로 우리는 문제에 대한 충분한 답을 얻었는가? 전혀 그렇지 않다. 물음은 이제 시작일 뿐이다. 도덕은 변해 왔다. 특정한 시기에 한 사회에서 작용하는 도덕 체계 및 관습은 절대적인 것이 아니라 상대적인 것이다. 그리고 이러한 상대성의 이유는 단순히 도덕 그 자체 안에서만 고갈되는 것이 아니라 오히려 특정한 시기에 한 사회가 지닌 정치경제적 맥락에서도, 문화적 맥락에서도, 더 깊이 들어가서는 상징적 질서 내지는 무의식의 질서에서도 (그것도 '도덕'이라는 표면적 현상에만 머무르는 것보다 덜 은폐하고, 보다 덜 망각하는 방식으로!) 여전히 찾아질 수 있다. 따라서 만일 우리가 살아가는 이곳에서 현재 우리가 갖고 있는 도덕적 규범에 의거해서 메갈의 의미를 규정할 경우, 이러한 의미는 '표면적' 의미에 불과하다고 볼 수 있다. 그러므로 메갈이라는 현상에 대한 진지한 물음은 (다시 강조하지만, 우리가 정말로 진지하길 원한다면!) 저 현상 이면에 혹은 배후에 놓여 있는 '심층적' 의미를 물어야만 한다.

이 글에서 나는 메갈의 '표면적' 의미와 '심층적' 의미를 '함께' 다루기 위해 플라톤의 미학적 개념인 '에이콘'과 '판타스마'를 차용하고자 한다. 나는 이 두 개념을 해석학적 문제인 텍스트의 '안'과 '밖' 문제와 암묵적으로 접목시킴으로써 메갈 문제는 단순히 사회적 악으로 간주될 문제가 아니라 오히려 자본주의 체제 안에서 구조적으로 고통받고 있는 약자들에 대한 관심을 환기시켜 주는 일종의 윤리적 문제라고 주장할 것이다.

여기서 '약자'란 단지 가부장사회 속에서 억압받는 여성들만 지칭하는 것은 아니다. 그것은 메갈로 인해 상처받은 약자들, 즉 건강한 사회의 '수호천사'를 자처하며 메갈 관련 여성들에게 상처를 주고 있는 젊은 남성 약자들을 포함하며, 더 나아가서 메갈 옹호자들과 메갈 반대자들이 모두 함께 망각하고 있는 다른 모든 약자들, 그렇게 기억 속에서 배제된 자들까지 포함한다. 결국 메갈은 이 사회를 지배하면서 다양한 층위에서 다양한 약자들을 억압하는 구조적이고 폭력적인 배제의 질서라는 거대한 심해의 표면에 떠오른 시끄럽지만 작은 물거품에 불과한 것이다. 그리고 바로 이 작은 물거품 밑에, 뒤에, 바깥에, 또는 곁에 현실적으로는 불가능해 보이지만 우리가 미친 듯이 꿈꾸어야만 할 희망의 근거가 숨어 있다.

본론

1. 암묵적 배제와 배제의 익명성: 상징적 질서

"주여, 저들을 용서하소서. 저들은 저들이 하는 짓을 알지 못하나이다."

– 『신약성경』, 누가복음 23장 34절

나는 우리 사회에서 이루어지는 여성의 배제를 (다소 거칠고 투박하지만) 명시적 배제와 암묵적 배제, 이렇게 크게 두 가지 형태로 구분하고자 한다.

배제는 때로는 명시적으로, 때로는 암묵적으로 행해진다. 명시적 배제란 말 그대로 눈에 보일 정도로 분명한 배제를 뜻한다. 이와는 달리 암묵적 배제는 눈에 보이지 않으며, 드러나지 않는 배제를 의미한다. 그리고 오늘날 배제를 당하는 당사자에게 가장 치명적인 결과를 야기하는 것은 후자인 암묵적 배제이다.

암묵적 배제의 핵심적인 특징은 배제 자체가 은폐된다는 사실에 있다. 암묵적 배제가 행해지는 경우, 배제를 행하는 이와 배제를 당하는 이 모두 배제를 의식하지 못한다. 배제를 행하는 이는 자신이 배제를 행하고 있다는 사실을 깨닫지 못하며, 배제를 당하는 이도 자신이 배제를 당하고 있다는 사실을 인식하지 못한다. 바로 이러한 의미에서 암묵적 배제를 행하는 가해자는 특정할 수 없으며, 익명적이라고 말할 수 있다. 달리 말해서, 암묵적 배제를 행하는 사람은 명시적 가해자가 아니라 드러나지 않는 숨겨진 가해자, 익명적 가해자인 것이다. 오늘날 가장 치명적인 여성의 배제는 대개 이런 식으로 이루어진다. 그러므로 누가 가해자인지, 또 누가 피해자인지 드러나지 않는 가시성의 침묵 속에서 배제 행위는 은폐되고, 오직 배제의 결과만이 남을 뿐이다.

암묵적 배제의 은폐성으로 인해 야기되는 문제들 중 가장 심각한 것은 배제의 지속적인 재생산이다. 이를 막기 위해 눈에 보이지 않는 배제를 문제 삼을 수 있는 '눈'을 가지면 되겠지만, 그것이 과연 쉬운 일일까? 그리고 설령 그러한 '눈'을 갖게 된 누군가가 은폐된 배제를 인식하고, 이 사실을 다른 이들에게 고발한다 하더라도 눈에 보이지 않는 이 배제가 존재한다는 사실 자체에 동의하고 함께 저항할 수 있는 사람은 몇이나 될까?

양치기 소년이 투명늑대의 존재를 깨닫게 되는 경우를 상상해 보자. 이 늑대는 투명늑대이기에 원래 보이지 않는다. 그러나 원인 모를 양들의 죽음, 바람이 불지 않았는데도 움직이는 수풀, 특정한 때만 되면 공포에 질려 이리저리 질주하는 양들, 죽은 양들의 사체에 남겨진 이빨자국 등을 목격한 양치기 소년은 투명늑대의 존재를 인식하게 된다. 그래서 소년은 투명늑대가 나타났다고 마을사람들에게 알리지만, 막상 괭이와 낫 등으로 무장하고 늑대를 잡으러 온 마을 사람들의 눈에는 늑대가 보이지 않는다. 이러한 일이 몇 번 반복되고, 마을 사람들은 양치기 소년을 거짓말쟁이로 낙인찍는다.

이제 투명늑대는 아무런 방해도 받지 않고 양들을 포식할 수 있게 된 것이다. 물론, 투명늑대의 존재를 주장하는 제2의, 제3의 양치기 소년이 나타날 수도 있다. 하지만 마을사람들의 입장에서는 양치기 소년들이 거짓말쟁이라고 믿는 것이 보이지 않는 늑대의 존재를 믿는 것보다 한결 쉽다.

그렇게 그들은 잃음에 대한 자각 없이 끊임없이

양들을 잃게 될 것이다. 보이지 않는 것에 저항한다는 것은 힘든 일이다. 바로 그렇기에 암묵적 배제, 은폐된 배제는 별 다른 저항에 부딪치지 않고 계속해서 반복될 수 있다.

암묵적 배제의 한 예를 살펴보자. 백남기 씨 사망 이후 〈뉴데일리Newdaily〉라는 우파 성향의 인터넷 매체에 한 여대생이 '백남기 사망 - 지긋지긋한 사망유희'(2016년 9월26일)라는 제목의 글을 기고했다. 기사의 요지는 유족과 진보 성향 시민단체의 저항이 실상 고인의 죽음을 무기 삼은 '시체팔이', 즉 부당한 선동에 다름 아니라는 것이었다. 기사에 대한 반응은 뜨거웠다. 인터넷 커뮤니티들과 SNS에는 여대생의 기사를 성토하는 게시물이 폭발적으로 올라오기 시작했다. 예를 들어, 언론인으로 알려진 한 페이스북 사용자는 기사를 작성한 여대생을 명백하게 '조리돌림' 하려는 목적으로 해당 기사를 링크한 게시물을 작성했고, 게시글의 댓글란은 온갖 욕설로 뒤

덮였다. 쌍 ×, 못된 ×, 어린 ×, 썩을 ×, 망할 ×, 개 같은 × 등이 쏟아져 나왔고, 그중에서도 특히 '미친 ×'이라는 욕설이 눈에 많이 띄었다. 그 외에도 패륜 발언, 강간 관련 발언, 외모 관련 발언, 학교 관련 발언 등이 이어졌다.

그런데 이 수많은 욕설들은 의미론적으로 약자들을 지시하고 있었다. 하나의 욕설은 어떻게 욕설로서 인식될 수 있는가? 한 단어가 욕설로 간주되기 위해서는 발언자와 청취자 간에 어떤 공통된 관습이 전제되어야만 한다. 예를 들어, '정신병자'라는 단어는 그 자체로는 중립적이지만, 이 단어를 사용해서 누군가를 지칭하는 것이 욕으로 받아들여지는 사회라면, 저 단어는 욕으로 사용될 수 있다. 만약 우리가 '병신', '장애인', '정신병자', '미친 ×', '못생긴 ×', '비정규직이나 할 ×' 등의 표현을 욕으로 받아들일 수 있다면, 그 이유는 해당 단어들에 상응하는 약자들의 사회적 위치가 치욕적이라는 인식을 우리가 공유하고 있기 때문이다.

혹시 댓글들 속의 저 거친 어휘들은 우리 사회의 민낯을 고스란히 반영하는 것은 아닐까? 어쩌면 저 참담한 댓글들은 약자들과 소수자들에 대해서 우리가 평소에 품고 있는 생각들, 즉 여성 혐오, 정신장애인혐오, 학벌 비하, 외모 비하, 비정규직 비하 등이 분노 속에서 무의식적으로 표출된 결과물이 아닐까? 만일 그렇다면 우리 사회는 약자들을 배제하는 사회이다. 저 여대생에 대한 명시적인 분노 표현의 심층에서 눈에 드러나지 않게 행해졌던 것은 바로 우리 사회의 약자들에게 가해지는 암묵적 배제였던 것이다.

하나의 사안을 두고 나와 다른 입장을 주장하는 표현에 대한 반응이 이런 식으로밖에 표현될 수 없었던 이유는 무엇인가? 다시 말해서, 왜 우리는 약자들을 (암묵적으로) 배제하는 표현을 사용한 것일까? 고인의 부당한 죽음에 대한 분노를 표출하는 것이 더 중요하기 때문이다. 약자들에 대한 섬세한 배려는 '사소한' 것인 반면, 나와 다른 입장을 표명하는 이에 대한 분노는 '더 중요한' 것이기 때문이다. 바로 여기에서 우리는 역설에 부딪힌다. 왜냐하면 고인의 죽음 앞에서 사람들의 분노가 향하고 있던 대상은 바로 공권력이 행한 배제였기 때문이다. 그리고 이 배제 역시 이런 식의 사소한 것과 중요한 것의 구별을 전제로 하는 배제였던 것이다. 말하자면, 배제에 대한 저항이 그 자체로 배제였던 셈이다. 불법과 합법의 구분을 넘어서는 시위라는 저항 앞에서 경찰 행정권력은 그것이 지녀야만 할 시민보호의 책임으로부터 고인을 배제하였다. 왜 배제하였을까? 집회에 참여한 시민의 안전을 사소한 것으로 여겼기 때문이다. 그리고 무언가가 사소하게 여겨질 때에는 반드시 그것보다 더 중요한 어떤 것이 존재하기 마련이다. 그것은 법질서였을까? 하지만 저항으로서 시위는 법질서에 의해 제한받을 수 없는 초법적

행위라고 보아야만 한다. 왜냐하면 시위자들은 법체계 자체의 근간인 대의제 민주주의의 의미를 근본적으로 묻는 제헌권력을 행사하고 있기 때문이다. 시위라는 공간 안에서 시위자들은 제헌권력을 행사하고 있기 때문에 일상적인 공간 안에서의 불법과 합법의 구분을 넘어서고 있는 것이다.

다시 물어보자. 왜 경찰 행정권력은 고인을 배제하였는가? 그것은 그의 안전이 더 중요한 어떤 것에 비해 사소했기 때문이다. 그것은 현정권의 안위를 지키는 것이 집회에 참여한 시민의 안전을 지키는 것보다 더 중요했기 때문이다. 결국 경찰 행정권력은 정권의 안위를 지키기 위해 집회에 참여한 시민의 안전을 사소한 것으로 여기며 배제했던 것이다. 그리고 배제가 물대포라는 물리력을 통해서 행해지던 바로 그 순간, 고인은 이미 한 명의 약자였다. 배제되는 것은 언제나 '더 중요한 것'에 비하면 '사소한 것', 즉 약자이다. 문제는 이러한 배제가 단지 현정권에서만 행해진 것이 아니라 역대 모든 정권에서도 행해졌다는 사실이다. 그리고 더 큰 문제는 배제를 행하는 것이 공권력만은 아니라는 것이다.

여대생 이야기로 다시 돌아가 보자. 심지어 공권력의 부당한 수행에 항의하기 위한 정의로운 시민적 저항 안에서도 배제가 행해질 수 있다는 사실을 우리는 저 여대생의 경우에서 볼 수 있었다. 여기에서 우리는 우리 사회 전체가 어떤 배제의 질서 속에서 움직이고 있다는 징후를 발견한다.

여대생의 기사에 분노한 페이스북 사용자들이 약자들에게 행한 배제는 사소한 것과 중요한 것의 구별을 전제로 하고 있다. 마찬가지로 고인의 죽음을 초래한 공권력의 배제도 역시 사소한 것과 중요한 것의 구별을 전제로 하고 있다. 이 두 사건의 구조적 유사성을 통해 우리가 알 수 있는 것은 다음과 같다.

공권력이 행한 배제와 〈뉴데일리〉 기사에 분노

한 페이스북 사용자들이 여대생을 욕하며 약자들에게 행한 배제는 결국 동일한 배제의 질서에 속한다는 사실이다. 따라서 우리는 '배제'라는 문제 자체에 대해서, 배제의 질서를 가능하게 하는 조건들에 대해서, 배제의 문제와 관련해서 대의제 민주주의가 갖고 있는 어떤 근원적인 한계에 대해서, 자본주의 안에 머무르는 한 결코 피할 수 없는 약자들의 배제라는 문제에 대해서 철저하게 고민해야만 한다. 그렇지 않을 때, 다시 말해 배제에 반대하면서도 다시금 누군가를 배제하는 분노가 저항으로 이어지게 될 때, 이러한 저항이 가져오게 될 현실적인 결과는 무엇일까? 그것은 아마도 정권교체일 것이다. 그리고 아마도 그게 다일 것이다. 그렇게 우리 사회의 근본 문제인 약자들의 배제는 고스란히 보존될 것이고, 또 그렇게 고인의 죽음을 초래한 공권력의 배제 또한 고스란히 보존될 것이며, 바로 그렇게 약자들은 구조적인 배제 속에서 계속해서 사라져 갈 것이다.

여기서 중요한 것은 〈뉴데일리〉의 기사에 분노한 페이스북 사용자들이 약자들에게 행한 배제는 명시적 배제가 아니라 암묵적 배제였다는 사실이다. 여대생을 욕하기 위해 약자들에 대한 비루한 가치평가를 전제로 하는 표현들을 사용했던 페이스북 사용자들은 평소에도 약자들을 경멸하거나 멸시하는 사람들이었을까? 전혀 그렇지 않으리라. 오히려 그들은 평소에 공권력의 부당한 행사 및 그로 인한 약자들의 피해에 예민하게 반응할 줄 아는 이른바 '깨어 있는 시민'을 지향했던 사람들이었을 확률이 높으며, 그렇기에 여성혐오나 장애인혐오 문제에 있어서 누구보다도 더 민감했을 것으로 추측된다. 그들이 바로 명시적 배제에 반대하는 사람들이었다는 말이다. 다만 그들은 자신들이 일상에서 행하는 암묵적 배제를 깨닫지 못하고 있었을 뿐이다. 왜냐하면 (앞에서 말했던 것처럼) 암묵적 배제는 보이지 않기 때문이다. 최근 문화계에서 논란이 되고 있는 평소 페미니스트를 자처하던 남성 작가들의 성추문은 암묵적 배제가 왜 위협적인 것인지 잘 보여 주는 예이다. 보이는 현상에만 집착할수록, 내가 행하는 암묵적 배제들을 자각하기란 점점 더 힘들어지고, 그 결과 응집된 암묵적 배제들이 어느 순간 극단적인 형태를 지닌 명시적 배제의 형태로 폭발할 수 있는 것이다.

여기서 또 한 가지 강조하고 싶은 것은 약자들도 역시 약자들에 대한 배제를 행한다는 사실이다. 문제의 여대생에게 여성폄하적인 댓글을 단 이들은 남성들만이 아니었다. 이것은 무엇을 의미하는가? 대부분의 남성들뿐만 아니라 여성들도, 그리고 심지어 여성 페미니스트들도 암묵적 배제로부터 마냥 자유로울 수는 없다는 것이다.

약자들은 강자들의 가치관을 내재화하도록 강제된다. 배제의 질서를 통해서 배제당하는 약자들은 자신도 모르게 배제의 질서를 체화시키게 된다. 그렇기에 한 여성이 다른 여성에게 가부장적 배제를 행하는 것이 가능한 것이다. 물론, 그녀는 자신이 누군가를 배제하고 있다는 사실을 알기 힘들 것이다. 암묵적 배제는 익명적이기 때문이다. 그리고 뒤에서 보게 되겠지만 메갈의 '미러링'은 가부장적 배제에 대한 참된 저항이었다기보다는 오히려 그 자체로 가부장적 배제였다. 왜냐하면 미러링은 우리 사회의 가부장적 배제가 전제로 하는 배제의 질서를 공유하고 있었기 때문이다.

암묵적 배제의 존재 자체가 우리에게 증언하고 있는 것이 있다. 우리의 인식에서 체계적이고 구조적인 왜곡이 작용하고 있다는 사실이다. 약자들이 자신들을 배제하는 질서를 내면화시키고, 그 결과 익명적 배제의 가해자가 되어 버리는 이유는 무엇인가? 왜 우리는 암묵적 배제를 인식하지 못하는가? 이는 암묵적 배제의 전제 조건인 배제의 질서가 우리의 인식을 조건 짓고 있기 때문이다. 다시 말해, 배제의 질서가 우리의 인식 활동을 가능하게 하는 인식의 틀과도 같다는 것이다. 이것은 곧 배제의 질서가 인식의 가능성의 조건이라는 것을 뜻한다. 비유하자면, 우리는 이미 언제나 배제의 질서라는 색안경을 착용한 채 무엇인가를 바라보는 것이다.

생물학자 웍스퀼Jacob von Uexküll에 의하면, 모든 유기체는 '수용체receptor'와 '작동체effector'의 유기 조직을 통해서 환경에 반응하고 적응하며 인식한다. 이것은 모든 생물이 수용계통과 운동계통을 통해서 세계와 관계 맺는다는 것을 의미한다. 이를 베르그손Henri Bergson의 언어로 바꾸면 감각-운동체계라고 말할 수 있을 것이다. 베르그손이 말하는 감각과 운동은 각기 웍스퀼이 말하는 수용체와 작동체에 상응한다고 볼 수 있는데, 인간의 신체란 기능의 측면에서 볼 때는 감각-운동체계이다. 이 감각-운동체계가 세워져 있는 곳이 바로 뇌를 포함한 신경체계이다.

신경체계는 감각기관들에 연결된 유입신경과 (유입된 자극이 그것을 분석하고 선택하는 뇌를 우회한 다음 도달하는) 운동기관에 연결된 유출신경으로 이루어져 있다. 우리가 외적 대상들에 관한 인식에 관련된다고 말하는 오관(시각, 청각, 촉각, 미각, 후각)은 바로 유입신경과 유출신경의 운동체계로 이루어진 기관들이다. 그리고 신체의 다른 기능들(소화기능, 호흡기능, 내분비기능 등)은 이 감각-운동 기능들을 유지하기 위한 기능들이라 볼 수 있다. 이렇게 볼 때, 외적 대상에 관한 지각 혹은 인식이란 유입신경을 통해 유입된 자극이 척수의 반사신경체계를 통해 즉각적으로 반응하지 않고 뇌를 통해 우회함으로써 한편으론 운동신경으로 연결되는 반응을 유보시키고, 다른 한편으로는 반응할 여러 가능성들을 선택하기 위해 나타나는 것이라 할 수 있다. 요컨대, 기능적인 측면에서 보자면 지성의 발달이란 이 감각-운동 기능의 발달에 다름 아닌 것이다.

웍스퀼은 생물의 행태적 연구를 통하여 유기체의 인식이 *선택적*이고 *상대적*이라는 것을 지적한다. 예를 들어, 숲속에 사는 벼룩은 동물의 피부선으로부터 나오는 낙산염의 냄새를 맡고 동물의 몸에 달라붙어서 피를 빨아 먹는다. 그러므로 벼룩에게 인식의 대상은 낙산염을 가진 동물이고 다른 유기체들은 인식의 대상에서 제외된다. 인식으로부터 배제되는 것이다. 이렇게 인식과 반응에서 배제된 다른 대상들은 벼룩에게 있어 존재하지 않는 것과 마찬가지이다. 벼룩은 낙산염을 분비하지 않는 유기체가 존재한다는 사실을 알지 못한다. 그렇기에 인식적 배제는 은폐된다. 말하자면, 벼룩은 자기가 낙산염을 분비하지 않는 유기체들을 인식에서 배제한다는 사실을 깨달을 수 없는 것이다.

낙산염에만 반응하는 벼룩의 인식 기능의 예를 통해서 우리가 알 수 있는 것은 모든 유기체가 주위에 있는 무수한 대상들의 다양성으로부터 일정한 양의 특성만을 인식하고 반응하며 자신만의 고유한 세계를 형성한다는 사실이다. 즉 유기체의 세계는 상대적인 것이다.

윅스퀼은 특정한 유기체만의 고유한 세계, 즉 선택적이고도 상대적으로 구성된 세계를 유기체의 환경세계Umwelt라고 부른다. 우리의 맥락에서 보자면, 선택적으로 그리고 상대적으로 구성된 환경세계는 배제하는 세계이다. 그런데 만일 우리가 유기체의 환경세계는 유기체의 종류에 따라서 언제나 상대적이라는 윅스퀼의 주장을 받아들인다면, 유기체의 환경세계와 마찬가지로 인간의 환경세계도 역시 상대적이라고 보아야 하며, 인간의 세계도 인식적 배제를 통해서 구성되는 세계라고 보아야만 한다.

그런데 인간의 경우, 인식적 배제는 상징적 질서에 의해서 한층 강화된다. 윅스퀼의 개념적 도식을 응용해서 인간의 기능고리를 고찰한 카시러Ernst Cassirer에 의하면, 모든 생물이 소유한 수용계통과 운동계통 사이에서 오직 인간만이 '상징계통'이라는 제3의 연결물을 갖는다. 인간은 언어형식, 예술적 심상, 신화적 상징 혹은 종교적 의식에 깊게 둘러싸여 있으므로 이러한 인위적 매개물의 개입에 의하지 않고서는 아무것도 볼 수 없고 또한 알 수도 없다는 것이다. 말하자면, 인간은 물리적 세계 속에서 살고 있는 것이 아니라 상징적 질서 속에서, 상징적 세계 속에 살고 있는 셈이다.

상징적 질서는 우리가 살아 있는 한 우리와 세계 사이를 매개해 주는 매개체 역할을 한다. 상징을 대표하는 것은 언어라고 볼 수 있다. 그런데 만일, 경험적으로 습득되는 언어가 인간의 인식체계에 지대한 영향을 미친다는 카시러의 주장을 수용할 경우, 언어와 마찬가지로 지각하는 방식 역시 상대적이고 학습될 수 있으며, 따라서 변화 가능하다는 것을 인정해야만 한다. 그렇다면 우리는 지각하는 방식이라는 것이 고정되고 불변하는 어떤 절대적인 실체가 아니라 오히려 문화적 환경이나, 개인적 경험, 그리고 훈련에 따라 얼마든지 변할 수 있다고 말할 수 있다. 세계에 대한 견해는 시점과 관점이 바뀌면 달라지는 것이다. 우리는 특정한 시대, 특정한 지역, 특정한 사회집단에 속해 있으며, 특정한 문화를 공유하고 있다. 그리고 이러한 것은 모두 우리의 인식의 조건을 이룬다. 이러한 것들은 우리의 견해나 느끼고 생각하는 방식을 조건 짓는다.

조건 지어진 인식. 이것은 곧 우리가 생각만큼 자유롭거나 주체적으로 살고 있지 않다는 것을 의미한다. 왜냐하면 조건 지어진 인식이라는 생각을 받아들일 경우, 우리는 우리가 속한 사회집단이 수용한 것들만을 선택적으로 보거나, 느끼거나, 생각한다는 것도 받아들여야만 하기 때문이다. 달리 말해서, 우리는 우리가 인식하는 것들이 언제나 우리의 자유로운 선택에 의해서 인식되는 것들이 결코 아니라는 사실을 인정해야만 하는 것이다. 만일 우리가 속한 사회집단이 무의식적으로 배제하고 있는 것이 있다면, 우리는 애초에 그것을 시야 속에서 포착할 수도 없을 것이고, 감정적으로 느낄 수도 없을 것이며, 결국 사유의 주제로 삼을 수도 없을 것이다. 우리 사회의 구성원들이 공유하고 있는 상징적 질서가 배제하고 있는 것은 쉽게 인식될 수 없다는 얘기다. 요컨대, 우리의 인식은 언제나 상징적 질서에 의해 구조적으로 제한된 인식일 수밖에 없으며, 그렇기에 상징적 질서가 배제하는 것을 인식하기란 쉽지 않으며, 배제 자체를 인식한다는 것 또한 결코 쉬운 일이 아니다.

앞에서 우리는 배제의 질서를 통해서 배제당하는 약자들이 자신들도 모르게 배제의 질서를 내면화시켜서 다른 약자들에게 배제를 행한다는 것을 보았다. 이것은 어떻게 가능한가? 상징적 질서가 바로 배제의 질서이기 때문에 가능하다. 우리가 부지불식간에 암묵적 배제를 행하게 되는 이유는 그러한 배제를 조건 짓고 있는 것이 바로 우리 사회의 구성원들이 공유하고 있는 상징적 질서이기 때문이다. 상징적 질서는 배제하는 질서이다. 그렇기에 상징적 질서 속에서 살아가는 우리는 마치 벼룩이 낙산염을 분비하지 않는 생명체들을 인식에서 배제하는 것과 같이 약자들을 배제하며, 동시에 이러한 배제를 인식하지 못하는 것이다.

8월 19일 MBN 저녁 뉴스에서 노숙자 관련 보도가 있었다. 뉴스에서 언급된 주제는 서울역 광장에 있는 노숙인들을 시민의 한 사람으로서 존중해야 할 것인지 아니면 다른 사람들을 불쾌하게 하니까 강제로 내쫓아야 할지의 여부였다.

화면에는 대낮에 술판을 벌인 노숙인들과 행인에게 돈을 구걸하는 노숙인이 보였고, 시민 인터뷰가 이어졌다. 인터뷰 내용은 "냄새가 나서 불쾌하다. 술 취해서 해코지할까 봐 무섭다"라는 것이었다. 하지만 사실 서울역 주변에 있는 노숙인들을 강제로 내쫓는 것은 불법이다. 실제로 공원에서 음주상태로 누워 있던 노숙인을 경찰이 내쫓은 사건이 있었는데, 법원은 정당한 공무집행이 아니라고 판결을 내린 적이 있다. 그렇다면 결국 MBN 저녁 뉴스는 시민들의 불쾌감이 법보다 우선인지 아닌지를 물은 셈이다. 그리고 이 가운데 노숙인의 인권은 간과되고, 망각되고, 더불어 모욕받았다. 노숙인이 거리에 있는 것은 합법적이다. 이것은 그 누구도 부정할 수 없는 사실이다. 그럼에도 불구하고 거리에 머무를 수 있는, 법적으로 보장된 노숙인의 자유가 불쾌감이라는 한갓 취향적 판단에 의해서 위협받고 있는 것이 우리 사회의 현실이다.

MBN 저녁 뉴스가 노숙인들에게 가한 배제는 암묵적이었다. 배제 자체가 인식되지 못하는 배제였던 것이다. 저 뉴스를 보도한 여성 앵커는 자신이 전달하는 내용이 노숙자들의 인권에 대한 심각한 위협임을, 치명적인 암묵적 배제임을 깨닫고 있었을까? 아니라고 생각한다. 여성 앵커는 녹화 전에 대본을 받아 보았을 것이다. 그때 그녀가 대본에서 어떤 명시적 문제를 발견했더라면 보도를 거부했을지도 모를 일이다. 하지만 문제의 배제는 암묵적 배제였고, 그렇기에 그녀는 자신의 보도가 노숙인들에게 가해지는 심각한 배제라는 사실을 인식할 수 없었던 것이다. 이것이 배제라는 사실을 몰랐던 건 시청자도 마찬가지이다. 이 뉴스는 같은 날, 네이버 뉴스에도 게재되었고, 3000개가 넘는 댓글이 달렸다. 댓글의 주류 의견은 노숙인들을 서울역 주변에서 내쫓으라는 것이었다. 그리고 너무나 당연한 얘기지만 진보 정당들이나 시민단체들은 서울역 노숙자들에게 가해진 이 심각한 배제적 폭력의 시도에 아직까지도 전혀 반응하지 않고 있다. 이것은 곧 사회적 약자들에 대한 배제가 구조적으로 은폐되고 있다는 사실을 의미한다.

매우 공교롭게도 노숙인에 관련된 MBN 저녁 뉴스가 보도된 것과 같은 날, TV조선에서는 해변 불꽃놀이에 관한 뉴스가 보도되었는데, 이 역시 네이버 뉴스에 게재되었다. 이 기사의 주제도 노숙자 보도와 마찬가지로 취향의 문제와 관련된 것이었다. 기사는 해변 불꽃놀이는 원래 불법이지만 피서객에게 쾌감(즐거움)을 준다는 이유로, 그리고 피서객이 많이 몰리면 지방 경제에 도움이 된다는 이유로 지자체에서 사실상 단속을 포기하고 있다는 내용을 전하고 있었다. 노숙인 기사와 불꽃놀이 기사, 이 두 기사는 취향을 기준으로 해서 서로 상반된 이야기를 전하고 있었는데, 한편에서는 불쾌라는 취향이 노숙인들의 합법적인 거리 생활을 위협하고 있고, 다른 한편에서는 쾌라는 취향이 피서객들의 불법적인 불꽃놀이를 초법적으로 허용해 주고 있었다. 도대체 왜 이런 결과가 나왔을까? 합법을 위협하고 불법을 옹호하는 이 괴상한 언론의 취향을 초래한 사회적 원인은 무엇일까?

기준은 자본주의의 논리와 연루된 상징적 질서인 것으로 보인다. 자본주의 사회에서 누군가에게 교환할 자원이 없다면, 이 누군가는 교환할 자원을 가진 타인들에게 불쾌감을 준다. 그렇기에 돈 없는 노숙인들, 다른 시민들과 교환할 자원이 전무한 노숙인들은 불쾌감의 대상이 되고 초법적 제제의 잠재적 대상이 된다. 배제되는 것이다. 반면에, 불꽃놀이를 하는 피서객들은 교환할 자원을 적어도 피서를 떠날 만큼은 가진 사람들이다. 그리고 자본주의 사회에서 교환할 자원을 충분히 가진 사람은 불법을 행해도 제재받지 않을 가능성을 지니게 된다.

상징적 질서의 관점에서 보자면, 인식이란 그 대상을 어떤 관계의 질서 안에 위치시키는 것이다. 하나의 대상을 관계의 질서 안에 위치시켜서 그 대상이 가치를 획득하게 될 때만이 비로소 우리가 그 대상을 대상으로서 인식할 수 있다는 것이다. 예를 들어, 길거리의 비둘기들을 구별하는 것은 쉽지 않다. 왜 비둘기들은 모두 비슷하게 보이는 것일까? 왜 우리는 각각의 비둘기를 잘 구별할 수 없을까? 그것들을 구별하기 위한 어떤 대조 체계가, 관계의 질서가 우리에게 주어져 있지 않기 때문이다. 다시 말해, 우리가 한 대상을 구별하는 것이 가능한 이유는 이미 우리가 그 대상을 관계의 질서 속에 포섭했기 때문에 가능한 것이다. 그 대상이 이 관계의 질서 속에서 다른 대상들과의 차이-관계를 통해서 획득한 가치를 이미 부여받았기 때문에 가능하다는 말이다. 그렇다면 우리가 참새나 비둘기가 아닌 인간들, 즉 배제된 자들을 인식하지 못하는 이유는 무엇인가? 상징적 질서의 관점에서 이 질문에 대답해 보자면, 이 사회에는 우리가 지닌 상징적 질서 안으로 편입되지 못하고 배제되는 이들이 존재하고 있다는 것이다. 그리고 이렇게 우리가 지닌 상징적 질서 안으로 편입되지 못한 이들은 당연히 무가치할 수밖에 없다. 왜냐하면 가치는 오직 관계의 질서 안에서 항들 간의 차이-관계를 통해서만 부여받을 수 있기 때문이다. 그리고 가치를 지니지 못한 대상은 인식될 수도 없다. 그렇기에 우리는 배제된 자들을, 그리고 그들에게 가해지는 배제를 잘 인식하지 못하는 것이다. 하지만 적어도 우리는 길거리에서 노숙인들을 마주치면 불쾌해하지 않는가? 그리고 이러한 불쾌감의 경험은 우리가 노숙인들을 '인식'했다는 것을 증명해 주지 않는가?

영국의 사회 인류학자인 메리 더글라스Mary Douglas는 저서 『순수와 위험. 오염 개념과 금기 개념의 분석urity and Danger: An Analysis of Concepts of Pollution and Taboo』(1966)에서 우리가 세계를 지각할 때 사용하는 범주가 '순수한 것'과 '불순한 것'이라는 두 대립항들을 토대로 구성된다고 주장했다. 그녀에 의하면 순수한 것과 불순한 것은 어떤 상징적 질서의 구축에 기여하게 되는데, 이러한 상징적 질서를 작용시키는 것은 바로 제외하기와 포함하기, 즉 '배제exclusion'와 '포함inclusion'이다. 말하자면, 순수한 것은 포함되는 반면, 불순한 것은 배제되는 것이다. 배제와 포함, 이것은 세계를 오려 내는 것과도 같은데, 이러한 세계의 절단으로 인해서 좋은 것과 나쁜 것을 분리시키는 언어 표현들과 실천들이 '안'과 '밖'이라는 상징적 공간을 기준으로 해서 만들어진다. 바로 이러한 식으로 자연물이든 사회적 생산물이든 모든 것은 가치 있는 것과 무가치한 것, 정상적인 것과 비정상적인 것, 좋은 것과 나쁜 것 등으로 구분된다. 암묵적 배제의 과정은 바로 이러한 방식으로 진행되는 것으로 보인다. 배제가 함의하고 있는 공간적이고 상징적인 거리를 잘 표현해 주는 것은 평행하고 있는 두 직선이다. 두 직선이 평행하고 있을 경우 이 둘은 결코 만날 수 없다. 이와 마찬가지로, 만일 포함된 자와 배제된 자가 평행하고 있을 경우, 이들 사이의 교환은 (그것이 경제적 교환이든 문화적 교환이든!) 거의 불가능하다. 말하자면, 배제와 포함을 통해서 구분된 상징적 공간 혹은 상징적 거리가 포함된 자와 배제된 자, 안과 밖의 암묵적 구분을 형성하는 것이다. 사회 속에서 '우리'로부터, 즉 포함된 자들로부터 배제된 자를 떼어 놓고 분리시키고 제외하는 것은 바로 이러한 상징적 거리, 상징적 공간이다.

상징적 공간 혹은 상징적 거리를 통한 포함된 자와 배제된 자의 구분은 두 집단들 간에 '유사성'이 없다는 사실을 의미한다. 그리고 유사성의 부재, 닮음의 부재는 차별로, 배제로, 축출로 연결된다. 그렇게 배제된 자들의 사회적 죽음, 더 나아가서 구조적 죽음은 시작된다. 포함된 자들은 자신들이 배제된 자들과 닮았다는 것을, 유사성이 있다는 것을 거부하거나 부정한다. 그렇기에 포함된 자들인 '우리'는 서로 닮은 자들이다. 이와는 달리, '우리'로부터 제외된 자들, 즉 배제된 자들은 우리와 닮지 않은 자들이다.

안과 밖의 구분은 깨끗한 것과 더러운 것의 상징적 구분과 연결되어 있기 때문에, 바깥에 위치한 자들은 깨끗한 '우리'라는 공동체의 질서와 체계의 근간을 잠재적으로 위협할 수 있는 더러운 위험 요소이다. 그렇기에 더럽게 위험한 바깥에 위치한 자들, 즉 배제된 자들은 경멸당하게 된다. 마치 우리가 비둘기들을 구별하지는 못하지만 더럽게 여기는 것과도 같이, 우리는 배제된 자들을 인식하는 대신에 경멸하는 것이다. 하지만 배제된 자들에 대한 우리의 경멸은 은폐되어야만 한다. 암묵적 배제는 결코 가시적으로 드러나서는 안 된다. 그렇기에 암묵적 배제를 시야에 노출시킬 가능성들은 사전에 차단되어야만 한다. 그래서 우리는 (우리 스스로도 깨닫지 못하는 사이에 열심히 그리고 부지런히!) 우리와 닮지 않은 자들을 차별하고, 차이를 두어서 구별하고, 구별을 통해서 배제시킨다. 그렇게 배제된 자들은 사회적 관계에 의해서 짜인 교환과 분배의 장소들로부터 자연스럽게 축출된다. 마치 서울역의 노숙자들을 거리에서 축출하자는 언론의 천연덕스러운 제안에 시청자들이 자연스럽게 동의하는 것처럼 말이다.

우리는 약자들을 배제하고 있다. 하지만 우리들 중 누가 이들을 배제하고 있는가? 문제되고 있는 배제는 암묵적 배제이다. 그러므로 우리들 중 그 누구도 저들을 (명시적으로) 배제하지 않았다. 그러나 우리들 중 그 누구도 저들을 (암묵적으로) 배제했다는 책임에서 자유로울 수는 없다. 여기서 우리가 강조해야만 할 것은 암묵적 배제를 통해서 사회 속에서 발생하는 지배와 억압은 개인들의 의지나 자유로운 결단 때문에 발생하는 것이 아니라는 사실이다.

암묵적 배제는 익명적이다. 암묵적 배제를 통해서 억압하는 자는 억압하려는 의도를 명시적으로 지닌 자가 아니라는 말이다. 그렇다면 단순히 주체적 결단을 통해서, 자유로운 결단을 통해서 지배와 억압에 저항하는 것이 과연 의미가 있을까? 암묵적 배제의 주체가 누구인지 보이지 않는다면, 과연 누구에게 저항해야 할까? 그리고 암묵적 배제 자체가 보이지 않는다면, 과연 무엇을 극복해야 할까? 따라서 가장 중요한 것은 이러한 지배와 억압의 관계를 발생시키는 상징적 질서를 파악하는 것이다. 하지만 메갈의 미러링은 여성들에게 가해지는 암묵적 배제를 조건 짓는 상징적 질서를 인식하고자 하는 고된 노력 없이 수행되었다. 그것은 쉬운 저항이었다. 그렇기에 쉬운 결과만을 낳았을 뿐이다.

그런데 만일 암묵적 배제를 조건 짓는 것이 상징적 질서라면, 그리고 만일 우리가 우리 자신이 행한 암묵적 배제를 인식하지 못하는 이유가 우리의 인식이 상징적 질서에 의해 구조적으로 왜곡되고 있기 때문이라면, 과연 우리가 우리 사회의 여성차별적 현실을 제대로 인식하고 있다고 말할 수 있을까? 메갈의 미러링은 우리 사회의 여성차별적 현실에 대한 제대로 된 인식을 전제로 하는 저항이었을까?

앞에서 우리는 오늘날 여성에게 가해지는 가장 치명적인 배제는 명시적 배제가 아니라 암묵적 배제라고 주장했다. 그렇다면, 암묵적 배제야말로 우리 사회의 여성차별적 현실을 구성하는 주요 요인이라고 보아야만 할 것이다. 하지만 문제는 암묵적 배제가 잘 보이지 않는다는 사실이다. 만일 암묵적 배제가 우리 사회의 여성차별적 현실을 구성하는 주된 요소라면, 우리 사회의 여성차별적 현실을 제대로 인식하기 위해서는 먼저 암묵적 배제들을 제대로 인식할 수 있어야만 할 것이다.

그러나 암묵적 배제가 상징적 질서에 의해 구조적으로 은폐되는 상황에서 어떻게 암묵적 배제를 제대로 인식하는 것이 가능할 수 있을까? 결국, 상징적 질서라는 인식적 색안경을 낀 우리는 우리 사회의 여성차별적 현실에 대해서 제대로 인식하지 못하고 있는 것이 아닐까? 내가 주장하고 싶은 것은 바로 이것이다. 우리 사회의 여성차별적 현실에 대한 우리의 인식은 대개의 경우 구조적으로 왜곡된 인식이다.

우리는 현실을, 실재를 날것으로 인식할 수 없다. 왜냐하면 상징적 질서가 언제나 나와 현실 사이를 가로막고 있기 때문이다. 만일 우리가 상징적 질서를 매개로 해서만 세계를 인식할 수 있다면, 이것은 곧 우리가 갖는 세계에 대한 인식이 언제나 어떤 왜곡을, 어떤 변질을, 어떤 전도Verkehrung를 수반한다는 것을 의미한다.

마르크스가 『독일 이데올로기』에서 이데올로기Ideologie의 특징을 나타내기 위해 사용한 독일어 단어 'Verkehrung'은 전도顚倒나 도착倒錯을 의미하는데, 이 단어를 인식의 문제에 적용할 경우에는 사실의 왜곡이나 사실에 대한 착오를 뜻할 수 있다. 마르크스는 저 책에서 이데올로기를 사진기의 기원이자 카메라의 어원인 '카메라 옵스큐라camera obscura'에 비유하고 있는데, '카메라 옵스큐라'는 어두운 방, 즉 암실 혹은 암상자라는 뜻이다. 캄캄한 암실 한 곳에 작은 구멍이 뚫려 있으면 반대 측면에 외부 정경이 거꾸로 뒤집혀서 찍혀 나온다. 카메라 옵스큐라란 바로 이 원리를 응용하여 바깥의 대상을 찍어, 거울과 렌즈를 사용하여 그것을 묘사하기 위해 작은 구멍을 뚫어 놓은 상자를 뜻한다. 말하자면, 오늘날 사진기의 원형인 것이다. 여기서 우리가 주목해야 할 것은 카메라 옵스큐라를 통해서 나타나는 대상은 거꾸로 뒤집혀서 우리 눈에 보인다는 사실이다. 즉 마르크스에게 이데올로기는 현실인식을 왜곡시키고 전도Verkehrung시키는 허위의식인 것이다. 전도시키는 이데올로기에서 인간과 인간의 상황은 카메라 옵스큐라에서처럼 거꾸로 뒤집혀 나타난다.

이데올로기가 초래하는 이러한 전도 현상은 암묵적 배제의 문제에서도 발견된다. 상징적 질서에 의해서 우리가 행하는 암묵적 배제가 은폐되는 현상과 이데올로기가 발생시키는 현실의 전도 현상 간에는 일종의 구조적 유사성이 있는 것이다. 그러므로 우리 사회의 여성차별적 현실이 우리에게 바르게 인식되는 것이 아니라 오히려 전도된 상태로 변질되어 인식된다고 말할 수 있다. 암묵적 배제의 은폐 자체가 일종의 카메라 옵스큐라적인 전도 효과라는 것이다. 우리에게 인식되는 현실은 언제나 상징적 질서에 의해 매개되어 전도된 상태로 나타나는 현실, 일종의 거울상인 것이다. 그렇다면 현실에 대한 모든 인식은 거울질, 미러링이다. 우리에게 인식되는 우리 사회의 여성차별적 현실은 현실 그 자체가 아니라 현실의 전도된 거울상일 뿐이다.

메갈의 미러링은 우리 사회의 여성차별적 현실을 거울질 하려고 시도했다. 하지만 미러링이 거울질 한 대상은 우리 사회의 여성차별적 현실 그 자체가 아니라 이 현실에 대한 전도된 인식, 즉 거울질이었다. 메갈의 미러링이 거울질 하고자 했던 우리 사회의 여성차별적 현실은 그 자체로 미러링이었던 것이다. 결국 메갈의 미러링은 현실을 거울에 반영하는 것이 아니라, 하나의 거울을 또 다른 거울에 반영하는 문제였던 것이다.

중요한 것은 이것이다. 현실적인 것, 실재적인 것

은 거울질로서의 인식을 통해서가 아니라면 나타날 길이 없다는 것이다. 즉 현실에 대한 전도되고 왜곡된 인식은 현실을 은폐하는 장애물인 동시에 현실로 향해 열린 창이기도 하다. 다음 장에서 보게 되겠지만, 거울질로서의 인식은 '판타스마phantasma'인 동시에 '에이콘eikôn'이기도 하다. 말하자면, 현실은 그것을 은폐하는 인식(사실상 우리의 모든 인식이 이러하다!) 없이는 드러날 수 없다. 그렇기에 문제는 현실을 가리고 있는 거울을 벗겨 내는 것이다.

2. 에이콘과 판타스마: 참된 저항과 거짓 저항

우리는 메갈의 미러링에서 어떤 의미를 읽어 낼 수 있을까? 이 질문에 답하기 위해서는 먼저 '표면적' 의미와 '심층적' 의미, 이 두 가지 의미의 층위에 대해 알아야 한다. 메갈의 미러링이라는 현상에 신중하게 접근하기 위해서는 이 두 가지의 의미의 층위에 대한 구별이 반드시 필요한 것으로 보인다. 나는 메갈의 미러링 현상이 지닌 '표면적' 의미와 '심층적' 의미를 보다 명확하게 드러내기 위해 플라톤의 미학적 개념인 '에이콘'과 '판타스마'를 사용해서 이 현상을 분석하고자 한다.

『소피스트』에서 플라톤은 모방으로서의 예술을 두 가지로 구분했는데, 하나는 '에이콘'이고, 다른 하나는 '판타스마'이다. 그리스어 '에이콘'은 호메로스Homeros 이래로 주로 시각적인 것을 표현하기 위해서 사용되었으며, 실재하는 것을 그와 닮은꼴로 재생한 것, 객관적으로 존재하는 대상을 그와 닮은꼴로 모방한 것을 의미했다. 플라톤은 에이콘을 원본에 충실한 모방으로서 원본의 참된 복사물을 가리키기 위해 사용했다. 이와는 달리, 환영을 뜻하는 그리스어 '판타스마'는 원본에 충실하지 않은 모방, 일종의 거짓을 뜻한다.

왜 플라톤은 에이콘은 참된 것인 반면에 판타스마는 거짓된 것이라고 생각했을까? 그에 의하면 에이콘은 사물의 고유한 비례와 색채를 *보존*하기 위해 사물을 재현하는 예술이고, 판타스마는 사물들을 *변경*시키는 예술이다. 사물들을 변경시키는 예술로서의 판타스마는 플라톤이 볼 때 사실상 모방이라기보다는 환영에 불과했다. 플라톤은 환영을 추구하는 예술로서의 판타스마를 부정적으로 평가했는데, 그 이유는 판타스마가 그 자체로 아름다운 실재의 비례가 아니라 더 아름답게 보이는 비례를 작품에 부여함으로써 보는 이를 기만하기 때문이다. 즉 판타스마는 진리를 따르지 않고 피상적인 아름다움만을 추구한다는 것이다. 그리고 참된 비례를 따르지 않는 모방은 원본에 충실한 모방이 아니라 거짓된 모방에 지나지 않는다고 플라톤은 생각했다. 이와 같이 플라톤에게 판타스마는 자기 바깥의 그 어떠한 실재도 가리키지 않는 환영을, 가상apparence을 뜻한다. 그런데 자기 '바깥'의 실재를 지시하지 않는다는 것은 곧 자기 자신만을 지시한다는 것을 의미한다. 그래서 실재를 지시하지 않는 가상으로서의 판타스마는 그 스스로가 실재의 가치를 점하게 된다. 말하자면 가상이 실재를 대체하는 것이다.

나는 자기 '바깥'에 있는 실재를 지시하지 않고 자기 자신을 지시하는 판타스마에서 '우상idole'의 생성 논리를 (그리고 이데올로기의 생성 논리를!) 설명해 줄 수 있는 가능성을 본다. 즉 플라톤이 제시하는 판타스마 개념은 왜 하나의 가상이 우상이 될 수 있는지에 관해서 설명해 줄 수 있는 논리를 갖추고 있다. 왜 하나의 가상이, 하나의 판타스마가 우상이 될 수 있는가? 우상은 신이라는 실재를 지시하지 않고 그 자체로 신 대접을 받는 거짓된 (신의) 환영이기 때문이다. 이렇게 볼 때, 플라톤이 말한 에이콘은 우상으로 변환될 가능성에서 원칙적으로 벗어나는 것으로 보인다. 실재를 지시하지 않는 판타스마와는 달리 원본의 충실한 복제로서의 에이콘은 항상 자신이 원본인 실재를 모방하고 있다는 사실을 감추지 않으며 실재를 가리키기 때문이다.

하지만 나는 우상 문제에 있어서 에이콘과 판타스마를 명확하게 구분하는 문제는 그렇게 간단하지 않다고 주장하고자 한다. 예를 들어, 725년부터 842년까지 대략 100여 년간 비잔티움제국에서 지속되었던 성상파괴iconoclasme 논쟁은 비록 플라톤이 에이콘과 판타스마를 구별했음에도 불구하고 이 둘 사이의 경계가 뚜렷하지 않다는 것을 확증해 주는 것으로 보이기 때문이다.

성상파괴 논쟁은 성상혐오iconophobia와 성상숭배iconophilia 사이의 논쟁이다. 비잔티움제국으로 불리던 동로마에서 성상icone은 신을 예배하기 위해 사용되었을 뿐만 아니라 신과 성인들을 재현하기 위해서도 사용되었다. 동로마에서는 약 6세기부터 성인들의 형상을 담은 회화가 성소의 벽면을 장식했으며, 약 9세기부터는 제의적 목적으로 사용되었는데, 이러한 회화를 가리켜 '성상'이라고 한다. 그리스어 에이콘eikôn에서 유래하는 단어인 성상icone은 어원상 그 무엇과 닮은 것을 뜻한다. 아마도 우리는 성상을 신성한 것을 2차원적으로 재현한 것이라고 정의할 수 있을 것이다. 말하자면, 성상은 실재를 충실히 모방하는 에이콘이었던 셈이다. 그런데 동로마에서 신(적인 것)을 재현하는 그림을 숭배하는 행위가 우상숭배이며 이단적이라는 견해가 점차적으로 생겨났고, 그러한 그림을 제작하는 활동도 역시 그러하다는 견해가 나타나기 시작했다. 이러한 분위기가 성상파괴 논쟁의 발단이 된 것이다.

이것은 무엇을 의미하는가? 우리의 맥락에서 보자면, 에이콘이 판타스마가 되는 현상이 발생하기 시작했던 것이다. 즉 성상이라는 가상이 실재를 지시하는 대신에 자기 자신을 지시함으로써 그 스스로가 실재의 가치를 점해 가게 되었던 것이다. 그리고 이러한 에이콘의 판타스마로의 이행 혹은 변질은 에이콘과 판타스마 간에 명확한 경계가 사실상 부재한다는 나의 주장을 지지해 주는 것으로 보인다.

플라톤에 의하면, 실재를 지시하지 않는 판타스마와는 달리, 원본의 충실한 복제로서의 에이콘은 항상 자신이 원본인 실재를 모방하고 있다는 사실을 감추지 않으며 실재를 가리킨다. 그런데 동로마에서 원래 에이콘이었던 성상이 점점 판타스마로 변해 갔던 것이다. 판타스마의 특징은 가상이 실재를 지시하지 않기에 그 스스로가 실재의 가치를 점하게 되는 것에 있다. 이러한 현상이 종교적으로 나타나면 우상숭배일 것이며, 문화-정치적으로 나타나면 이데올로기일 것이다.

이제 메갈의 미러링 문제를 살펴보자. 미러링은 사회의 구조적 문제가 드러날 수 있게끔 저 문제를 지시하는가, 아니면 자기 자신을 드러낼 뿐인가? 달리 말해서, 미러링은 **에이콘**처럼 그것의 바깥에 실재하는 사회구조적 문제를 지시하는가 아니면 **판타스마**처럼 바깥에 실재하는 사회구조적 문제를 지시하는 대신에 오히려 자기 자신을 지시하는가?

만일 미러링이 바깥의 문제를 지시하지 않고 자기 자신만을 지시한다면, 그것은 판타스마일 것이다. 이 경우 미러링은 여성문제를 환기시키는 대신에 오히려 미러링 자체의 문제만을 나타낼 수밖에 없을 것이다. 즉 미러링이 판타스마일 경우, 여성문제나 메갈의 배경을 잘 모르는 사람들은 메갈의 미러링이 이슈화됨으로써 여성문제에 관심을 갖게 되기는커녕 미러링 자체에만 주목하게 되며, 메갈 반대 세력에 의해 부풀려지고 과장된 메갈의 일그러진 자화상에 침을 뱉는 데만 열중하게 된다는 말이다. 미러링은 에이콘인가, 판타스마인가? 그것은 에이콘에 가까운가, 판타스마에 가까운가?

사실 메갈의 미러링은 이중적 측면을 지니고 있었다. 그것은 에이콘이 되거나 판타스마가 될 수 있는 두 가지 가능성을 모두 지니고 있었던 것이다. 하지만 메갈리아 현상은 결국 판타스마로 귀결되었다고 생각한다. 메갈리아의 미러링을 지지하는 페미니스트들의 주장에 따르자면, 미러링은 여성들이 억압받고 있는 우리 사회의 여성차별적 현실을, 즉 여성차별이라는 실재를 지시했어야만 했다. 우리의 맥락에서 말해 보자면, 미러링은 여성차별적 현실을 충실히 가리키는 에이콘이어야만 했던 것이다. 미러링은 자기 자신을 지시하는 판타스마가 아니라 '바깥'에 있는 실재로서의 여성차별을 지시해야만 했던 것이다. 하지만 미러링은 그것 '바깥'에 있는 실재(여성차별)를 지시하는 대신에 오히려 자기 자신만을 지시했다. 판타스마가 되어 버린 것이다.

판타스마는 오직 자기 자신만을 지시할 뿐, 자신의 '바깥'을 지시하지 않는다는 사실을 앞에서 보았다. 그렇다면 (만일 미러링을 하나의 모방 예술에 비유할 수 있다면) 자기 자신만을 지시하는 판타스마를 관람객이 감상할 경우 그들은 무엇을 보게 될까? 아마도 관람객은 판타스마가 지시하는 것, 즉 판타스마

그 자체만을 보게 될 것이다. 바로 이러한 이유 때문에 미러링을 목격한 관람객들 중 많은 이들은 미러링이 지시했어야만 할 '바깥'의 여성차별적 현실은 보지 못하고 오히려 미러링 자체에만, 미러링 '안'에서 보이는 것들에만 집중할 수밖에 없었다. 그렇기에 그들 중 적지 않은 이들의 눈에는 미러링 '안'에서 보이는 언어적 폭력만 부각되고, 또 강조되었던 것이다. 그 결과 미러링 '바깥'의 여성혐오나 여성차별이라는 실재는 관람객들의 시야에서 숨어 버렸고 망각되었다. 그리고 그들의 눈앞에 남아 있었던 것은 (혹자들은 남성혐오라 칭하기도 하는) '나쁜' 표현들뿐이었다. 그렇게 메갈리아의 여성회원들은 '나쁜' 여성들이 되었다.

미러링은 허구가 아니었다. 만일 미러링이 일회성의 이벤트였다면, 만일 그 전시 기간이나 공연 기간이 한정되어 있었다면, 어쩌면 그것은 관람객들이 부당한 차별의 현실을 자각하는 데 기여했을지도 모를 일이다. 왜냐하면 이 경우 관람객들이 미러링을 일종의 예술작품으로, 즉 허구로 받아들이는 것이 충분히 가능할 수 있기 때문이다.

여성학자 정희진은 "메갈리아는 일베에 조직적으로 대응한 유일한 당사자"(2016년 7월30일 「한겨레」 신문 기사)란 글에서 메갈의 미러링에 필적하는 페미니스트적 실천의 예로 글로리아 스타이넘의 책 『남자가 월경을 한다면』의 한 부분과 게르드 브란튼베르그의 소설인 『이갈리아의 딸들』을 들고 있다. 전자는 허구적 세계에 대한 상상이 담긴 글이고, 후자는 소설이다. 하지만 이 둘이 정말로 미러링과 동일 선상에 놓인 작업들로 간주될 수 있을까?

먼저 『남자가 월경을 한다면』의 해당 부분을 읽을 경우 독자는 문제되고 있는 것이 현실에서 벌어지고 있는 일이 아니라 일종의 사유 실험임을 쉽게 인지할 수 있다. 그리고 『이갈리아의 딸들』은 누가 봐도 소설, 즉 허구이다. 그러므로 독자들은 해당 텍스트들이 허구라는 것을 쉽게 인식할 수 있다.

이번엔 메갈의 미러링을 보자. 미러링은 온라인상에서 진행되어 왔다. 비록 오늘날 온라인과 오프라인 간의 경계가, 가상현실과 현실 간의 경계가 더 이상 명확하게 그어지지 않게 된 것은 사실이지만, 그럼에도 불구하고 인터넷이라는 공간은 원칙상 가상현실인 것이 맞다. 엄밀하게 말해서, 인터넷 공간은 허구인 것이다. 하지만 이미 사이버 모욕죄와 사이버 명예훼손죄가 도입된 한국의 현실 속에서 인터넷 공간은 가상현실이되 단순한 가상현실이 아니라 현실에 분명히 영향을 끼칠 수 있을 만큼 충분히 '현실적인' 가상현실이다. 이러한 상황에서 메갈리아의 미러링은 그 '나쁜' 표현의 특성으로 인해 허구와 현실 사이에서 위태롭게 줄다리기를 하고 있는 상태였다.

어쨌든 메갈리아 여성회원들과 미러링에 동조하는 페미니스트들이 굳이 미러링을 허구라고 주장한다면 나는 조건적으로 동의할 수 있다. 다만 문제는 이 동의의 조건에 필요한 시간이 이미 흘러가 버렸다는 데 있다. 만약 미러링이 일회성 퍼포먼스였거나, 그 공연(?) 기간이 정해져 있었더라면 나는 미러링이 일종의 예술적 특성을 지니고 있다는 것에, 허구라는 것에 동의할 수 있었을 것이다. 그러나 유감스럽게도 미러링은 이미 오랫동안 줄곧 계속되어 온 상태였다.

상상해 보자. 어떤 사람이 길거리에서 행인들에게 욕을 하는 퍼포먼스를 벌인다. 그리고 그 경로야 어찌되었건 행인이나 관람객들은 그것이 퍼포먼스임을 인지하고 있다. 이 경우 공연자가 내뱉은 욕들은 허구로서 간주될 수 있으며, 욕먹은 사람들 또한 얼굴을 붉힐 가능성이 적다고 볼 수 있다. 왜냐하면 그 자리에 있는 모두가 저 욕설이 공연의 일환임을, 그렇기에 허구임을 알고 있기 때문이다. 그리고 혹시 개인적 취향으로 인해 욕설 자체에 거부감을 느끼는 관람객이 있을 경우, 그 관람객은 그 공연 장소를 떠나기만 하면 된다. 결국, 문제의 소지가 별로 없다는 말이다.

이번엔 동일한 퍼포먼스에 사소한 형식상의 변화를 주어 보자. 즉 공연이 언제 끝날지 정해지지 않았다고 생각해 보자. 극단적인 경우에는 공연자가 남은 생애 동안 줄곧 길거리에서 욕을 하고 있게 될지도 모르는 상황이다. 이 경우 공연을 시작한 지 며칠 혹은 몇 주 정도가 지나고 나면, 과연 저 공연이 허구인지 의심하는 사람들이 슬슬 생겨나기 시작할 것이다. 왜냐하면 허구가 일상이 되어 버리면, 허구가 일상과 분리되지 않으면, 그것은 더 이상 허구가 아니기 때문이다.

이번에는 책이나 연극, 영화나 동영상에서 여성이 남성에게 가하는 성추행 장면이 묘사되고 있는 상황을 상상해 보자. 이 경우 독자나 관람객은 자신이 읽거나, 보거나, 듣고 있는 것이 허구임을 잘 알 수 있다. 왜? 감상의 자유가 보장되어 있기 때문이다. 책을 읽던 독자는 내용이 마음에 들지 않으면 책을 덮으면 그만이다. 영화나 연극을 보러 간 관람객은 극장에서 나오면 그만이고, 동영상을 집에서 보던 관람객은 모니터를 끄면 그만이다.

다시 길거리 욕 공연으로 돌아와 보자. 저 끝나지 않는 길거리 퍼포먼스의 경우 관람객들에게 감상의 자유가 보장되지 않는다. 지나가던 행인들은 욕설에 무차별적으로 노출된다. 매일 그 길을 지나가야만 하는 사람이 있을 경우, 이 사람은 성능 좋은 귀마개를 착용하지 않는 이상 매일 욕을 들어야만 한다. 일상화된 욕 퍼포먼스는 허구가 아니라, 예술이 아니라, 그냥 욕이다. 이러한 의미에서 미러링은 허구가 아니었다. 그것은 일상화된 '나쁜' 표현이었을 뿐이다.

미러링은 페미니즘 이론에 의해서 정당화될 수 있는 전략도 아니었다. 메갈의 미러링을 옹호하는 이들 중의 한 명인 노혜경은 2016년 9월 12일에 있었던 강연, "메갈리아로부터 떠날 때"에서 미러링이 '되받아쳐 말하기talking back'에 해당한다고 주장했다.

'되받아쳐 말하기'는 철학자이자 젠더 이론가인 주디스 버틀러Judith Butler가 『혐오 발언』(2016)에서 제시한 개념이다. 미러링과 버틀러의 개념인 '되받아쳐 말하기'를 연관 짓는 글들은 노혜경에게서뿐만 아니라 여기저기서 적지 않게 발견되고 있다.

그러나 유감스럽게도 '되받아쳐 말하기'를 미러링에 적용한 것은 명백한 오독의 결과이다. 그리고 이러한 오독의 흔적이 자주 발견되고 있다는 사실은 미러링을 이론적으로 정당화시키고 싶어 하는 페미니스트들이 적절한 이론적 근거를 사실상 찾아내지 못하고 있다는 현실을 정확하게 반영하고 있는 것으로 보인다.

그렇다면 왜 미러링을 버틀러의 사유에 대입시키는 것이 오독인가? '되받아쳐 말하기'는 버틀러가 혐오 발언에 저항할 수 있는 방법으로 제시하는 저항 발언counter-speech의 한 양태이다. 버틀러에 의하면 언어 행위는 육체적인 행위로서 발언자의 통제를 벗어나 있다. 따라서 어떤 발언이든지 그것이 발생된 원래의 맥락 혹은 의도와 그것이 낳은 효과 사이에는 어떤 '간격'이 존재한다. 마찬가지로 상처를 주는 언어 행위의 의도 혹은 맥락과 이 언어 행위로 인해 생긴 상처(효과) 사이에는 간격이 존재하는 것이다. 그리고 바로 이러한 언어와 효과 사이의 간격은 발언자의 의도나 맥락을 벗어나 예기치 않은 전복을 가능하게 만든다. 즉 이 간격이야말로 저항의 장소가 될 수 있다는 것이다.

그렇다면 저 간격을 통해서 어떻게 저항할 수 있다는 말인가? 혐오 발언의 청자(혹은 피해자)는 언어와 효과 사이의 간격을 활용하며 발언자가 예상치 못한 방식으로 되받아쳐 말함으로써 혐오 발언의 의미를 '전복시키기reversing'에 도달할 수 있다. 예를 들어, 누군가가 나에게 혐오 발언을 할 경우 이 발언과 그 효과 사이에는 간격이 생기는데, 바로 이 간격에서 나는 발언자가 예상하지 못한 방식으로 되받아쳐 말함으로써 발언자를 곤경에 빠뜨릴 수 있는 것이다. 하지만 여기서 되받아쳐 말한다는 것은 노혜경이 생각하는 것처럼 (그리고 메갈이 미러링에서 행하는 것처럼) 여성혐오 발언을 남성혐오 발언으로 변환시키는 것을 뜻하는 것이 아니다. 혐오 발언에 혐오 발언으로 대응하는 것은 그냥 혐오 발언을 주고받는 것일 뿐이지 버틀러가 말하는 저항 발언을 행하는 것이 결코 아니라는 것이다. 다시 강조하지만, 저항 발언은 발언자와 청취자의 입장이 뒤바뀐 혐오 발언이 아니다. 버틀러의 저항 발언에서 중요한 것은 혐오 발언을 그 원래의 맥락에서 벗어나게 함으로써 '재맥락화recontexualize'시키는 가운데 원래의 맥락을 교란시키는 것이다. 그리고 혐오 발언을 재맥락화시킨다는 것은, 예를 들자면 '된장녀'를 '된장남'으로 바꾸는 것이 아니라, 오히려 '된장녀'라는 같은 단어를 원래 저 발언이 행해진 맥락과는 다른 맥락 속에서 '반복'하는 것이다. 한 남성이 한 여성을 '된장녀'라고 부르는 상황을 상상해 보자. 이 경우 저 여성이 '된장남'이라고 되받아쳐 말하는 것은 저항 발언이 아니다. 버틀러가 말하는 저항 발언의 조건을 충족시키기 위해서는 저 여성이 동일한 단어('된장녀')를 원래 그녀가 저 말을 들었던 맥락과는 다른 맥락에서 반복해야만 하는 것이다. '된장녀'가 사용되는 맥락은 다양한 편인데, 그중 대표적인 것이 소득은 적으면서 명품을 좋아하는 경우이다. 따라서 만일 저 여성이 저러한 맥락과는 다른 맥락에서 자기 자신을 '된장녀'라고 부를 경우, 그리고 문제의 이 다른 맥락이 원래의 맥락과는 극적으로 다른 경우, 이를테면 이 여성의 검소한 생활태도가 주변에 알려지게 된 상황에서 '난 된장녀니까'라고 말할 경우 '된장녀'라는 단어의 의미는 원래의 혐오 발언의 당사자가 의도했던 것과는 다른 의미를 지니게 된다. 의미가 새롭게 부여되는 것이다. 이것이 바로 버틀러가 말하는 저항 발언에 해당하는 경우이다. 그리고 이런 식으로 저항 발언을 하는 여성들의 사례가 누적되어 갈수록 '된장녀' 발언의 원래 맥락은 그 초월적 권위를 상실하게 될 것이며, 어느 정도 임계점에 도달하면 그 의미 자체가 전복될 것이다. '된장녀'가 더 이상 혐오 발언으로 간주되기 힘든 상황이 도래하는 것이다.

메갈의 미러링은 어떤 저항이었을까? 얼마 전 「한겨레」 신문은 "페미니즘은 선택이 아니라 생존의 문제예요"(2016년 10월16일)라는 인터뷰 기사를 실었다. 기사의 주 내용은 '바람계곡의 페미니즘'이라는 페이스북 페이지 운영진과의 인터뷰였는데, 기자는 운영진에게 메갈의 미러링이 "혐오에 혐오로 맞선 방식"이며, "남녀차별도 반대하지만 메갈리아의 혐오도 반대한다"고 말하는 이들이 많다고 지적했다.

그러자 운영진은 메갈의 미러링이 나쁜 것이 아니라고 주장한다.

이러한 주장의 근거로 자신들은 미러링을 행하지 않는데 그 이유가 미러링이 나쁘다고 생각해서가 아니라 그냥 자신들의 스타일이 아니기 때문이라고 밝히고 있다. 그러면서 미러링이 나쁘지 않다고 생각하는 근거로 "불의에 맞선 저항이 항상 도덕적으로 완전무결하게 이뤄질 수 있는지 묻고" 싶다고 반문한다. 즉 혐오에 혐오로 맞서는 방식이 나쁜 것이라고 생각하는 사람들에게는 "동학농민운동이든 3·1운동이든 4·19든 5·18이든 6월항쟁이든 광우병 촛불집회든 민중총궐기든" "죄다 폭도들의 난동"으로 보일 수밖에 없다는 것이다. 요컨대, 불의에 맞선 저항은 설령 그것이 폭력의 형태로 행해진다 하더라도 폭력으로 간주해서는 안 된다는 것이다.

맞는 말이다. 악에 대한 저항은 불가피하게 혐오 표현과 같은 '나쁜' 표현이나 물리적 폭력을 수반

할 수도 있는 것이다. 이 경우 저 폭력은 분명히 '나쁜' 폭력이 아니라 '정당한' 폭력으로 간주될 수 있는 가능성을 지니고 있다. 하지만 방금 나는 악에 대한 저항에 수반되는 폭력이 '정당한' 폭력으로 간주되어야만 한다고 말하는 대신에 '정당한' 폭력으로 간주될 수 있는 가능성을 지니고 있다고 말했다. 그 이유는 인류 역사상 '정당한' 폭력은 실현된 적이 없기 때문이다. 만일 역사가 그러한 폭력을 단 한 번만이라도 경험한 적이 있다면, 그것은 곧 우리 인간들이 적어도 한 번은 '참된' 저항을 해 본 경험이 있다는 것을 의미하게 될 것이며, 우리는 인간의 역사에 대한 자긍심을 충분히 가질 수 있을 것이다. 하지만 그러한 '참된' 저항에 우리 인간들이 성공했던 적은 없다. 그렇기에 역사상 '정당한' 폭력으로 간주될 수 있을 만한 저항들은 '참된' 저항에 근접했을지언정 그 자체로 '참된' 저항이었던 적도, 그렇기에 전적으로 '정당한' 폭력이었던 적도 없는 것이다.

물론, 그럼에도 불구하고 '바람계곡의 페미니즘' 운영진이 예로써 언급한 저항들은 단순히 '나쁜' 폭력으로 치부될 수는 없는 폭력, 적어도 그 정당성이 충분히 참작될 수 있을 만한 폭력이었던 것은 분명하다. 저 저항들은 '정당한' 폭력으로 간주될 수 있는 가능성을 지니고 있는 것이다. 하지만 얼핏 보기에 '나쁜' 표현이나 물리적 폭력으로 보이는 저항이 테러나 폭도들의 난동으로 여겨지지 않고 '정당한' 폭력으로 간주될 수 있는 가능성을 지니기 위해서 전제되어야만 할 조건이 있는데, 그것은 바로 저항이 참된 저항일 경우이다. 악의 유지 및 재생산에 기여하거나 악의 질서를 그대로 답습하는 저항은 참된 저항이 아니라 '거짓' 저항, 그저 또 하나의 악일 뿐이다. 그리고 바로 이러한 의미에서 메갈의 미러링은 '참된' 저항이나 '정당한' 폭력으로 간주될 수 있는 가능성을 지닌 저항이 아니라 '거짓' 저항에 불과했고, 또 그렇기에 메갈의 표현은 '정당한' 표현이 아니라 확실하게 '나쁜' 표현이었다고 나는 생각한다.

'바람계곡의 페미니즘' 운영진의 논리가 왜 위험한 생각인지에 대해서 조금 더 부연하자면, 만일 운영진의 논리를 따르자면 2016년 5월 17일의 이른바 '강남역 살인사건'도 '정당한' 폭력으로 간주될 수 있는 가능성을 지닐 수 있게 된다. 강남역 사건과 관련해서 보도된 언론 자료들에 의하면, 살인범은 조현병을 앓고 있었고, 평소에 여자들이 자신을 멸시한다는, 여자들이 자신을 배제한다는 피해망상을 갖고 있었다. 그는 정신질환자였던 것이다.

우리 사회에서 여성들은 약자이다. 그러나 우리 사회의 약자들은 여성만 있는 것이 아니다. 이른 바 '기울어진 운동장'은 여성들에게만 불리하게 기울어져 있는 것이 아닌 것이다. 이를테면 정신질환자, 신체장애인, 노인, 아동, 빈민 들도 역시 약자이며, 이들에게도 운동장은 기울대로 기울어져 있는 것이다. 특히 정신질환자들은 약자 중의 약자에 속한다고 볼 수 있다. 어떻게 보면 우리 사회에서 정신질환자들은 여성들보다 더 약한 자들이다. 예를 들어 여성학자인 정희진은 적어도 여성이라는 이유로 대학 강사 이력에서 배제된 적은 없을 것이다. 하지만 박사 학위를 소지한 정신질환자는 대학 강사 이력에서 배제될 수 있다. 또 여성이라는 이유로 차별을 받을지언정 가족으로부터 배제되는 경우는 매우 드물 것이지만 정신질환자의 경우는 이러한 배제가 (이를테면 가족에 의한 거의 반영구적인 정신병원 강제수용이) 가능하다.

또 다른 예로, 여성이라는 이유로 친구들 사이에서 배제되는 경우 역시 드물 것이다. 하지만 정신질환자는 친구들 사이에서는 물론이고, 사회적 관계 일체로부터 배제되는 경우가 적지 않다. 요컨대 정신질환자가 일반인과 구별당함으로써 겪는 배제의 경험은 여성이 남성과 구별당함으로써 겪는 배제의 경험보다 더 강렬할 수 있다.

　자, 이제 언급된 사실들을 근거로 해서 사고 실험을 감행해 보자. (실험을 행하기에 앞서, 먼저 강남역 사건의 유가족에게 미리 양해의 말씀을 구하고자 하며, 혹시 모를 상처에 대해 미리 사과드리고 싶다. 메갈을 옹호하는 입장과 반대하는 입장이 모두 지나치게 과열된 상태에서 자칫 무의미한 끼어듦에 지나지 않을 나의 미약한 주장이 보다 설득력을 갖추기 위해서는 이러한 사고 실험을 끌어들일 수밖에 없다고 판단했다. 혹시라도 유가족께서 이로 인해 조금이라도 상처를 받게 된다면, 그 책임은 전적으로 필자의 사유능력의 빈곤함과 그 한계에 있다는 것을 미리 밝혀 둔다.)

　우리 사회에서 정신질환자들에 대한 배제가 행해지고 있음은 분명한 사실이다. 그렇다면, 정신질환자들이 이러한 배제에 대해 저항하는 경우를 상상해 보자. 아마도 그들은 메갈의 미러링처럼 꽤나 잘 조직화된 연대를 구성하기 힘들 것이다. 왜냐하면 (그들이 모였다는 사실 자체에 쏟아질 사회의 차가운 시선에 대한 두려움을 극복하는 것은 차치하고) 사회적 관계로부터의 단절이 그 주요 증상 중의 하나인 정신질환을 앓고 있는 정신질환자들이 함께 연대하기란 거의 불가능할 것이기 때문이다. 그렇다면 아마도 저항하고자 하는 정신질환자들은 개별적이거나 소수로 구성된 저항을 수행하게 될 가능성이 높다고 볼 수 있다. 여기서 관건은 미러링의 경우에서처럼 '배제'로 인해 자신들이 불이익을 받고 있다는 사실을 널리 알리는 것이다. 하지만 개인이나 소수가 이러한 과제를 효과적으로 수행해 낼 수 있을까? 더군다나 여성들은 여성학자들의 이론적 지원사격을 받을 수 있는 것에 반해 정신질환자들은 그들의 저항을 도와줄 수 있는 전문가들을 만나기가 아주 어렵다. 그렇다면 그들에게 남은 선택은 무엇일까? 그것은 아마도 테러일 것이다. '바람계곡의 페미니즘' 운영진의 논리에 따르자면, 불의에 맞선 저항은 설령 그것이 폭력의 형태로 행해진다 하더라도 폭력으로 간주해서는 안 된다. 하지만 강남역 살인 사건이 일반인들이 정신질환자에게 가하는 배제의 폭력에 맞선, 특히 여성들이 가하는 배제의 폭력에 맞선 저항의 일환이었다고 상상해 보자. 이 경우에도 '바람계곡의 페미니즘' 운영진은 이 폭력이 '정당한' 폭력이라고 주장할 수 있을까? 그리고 이 폭력이 '나쁜' 폭력이라고 생각하는 것은 옳지 않다고 주장할 수 있을까? 만일 자신의 논리에 충실하고자 한다면, 운영진은 이 폭력이 나쁘다고 생각해서는 안 될 것이다. 하지만 운영진은 과연 이러한 생각을 수긍할 수 있을까? 아니라고 생각한다. 바로 그렇기에, 운영진의 저 논리는 '나쁜' 논리이다. 반면에 내가 제시하는 참된 저항과 가짜 저항의 구별은 정서적 거부반응 없이 그리고 진영 논리에 빠지지 않고서도 일관된 답을 내놓을 수 있다. 즉 메갈의 미러링도 '나쁜' 표현이고, 정신질환자들의 저항이라고 상상된 저 폭력도 '나쁜' 폭력인 것이다.

왜 미러링은 '참된' 저항이 되지 못하고 '거짓' 저항이 된 것일까? 왜 미러링은 '정당한' 표현이 되지 못하고 '나쁜' 표현이 된 것일까? 요컨대 왜 미러링은 에이콘이 되지 못하고 판타스마가 된 것일까? 우리는 앞에서 에이콘이 판타스마로 변질되었던 역사적 실례를 살펴보았다. 동로마에서 원래 에이콘이었던 성상icone은 판타스마로 미끄러지면서 우상으로 변하고 말았던 것이다. 그렇다면 왜 성상은 우상이 된 것일까? 성상이 판타스마로 변질되면서 자기 자신만을 지시하게 되었을 때 이러한 지시가 가리켰던 것은 정확하게 무엇이었을까?

그것은 분명히 신은 아니었을 것이다. 신은 저 '바깥'에 존재하니까 말이다. 그렇다면 판타스마로 변한 성상이 자신 '안'에서 가리켰던 것은 도대체 무엇일까? 그것은 신적 이데올로기, 신적 허구였다. 성상을 통해서 예배를 드리고, 기도를 드렸던 이들은 신에게 간구하는 대신에 신적 이데올로기에게 간구했다. 신적 이데올로기에 현혹된 그들에게 성상은 더 이상 그것 '바깥'의 실재를 가리키는 에이콘일 수는 없었다. 그렇게 그들은 신으로 향하기보다는 오히려 자신들이 만들어 낸 신적 이데올로기에 흠뻑 도취되고 말았다. 그들이 만들어 낸 성상은 '바깥'에 있는 신 대신에 성상을 만들어 낸 그들 자신들을, 신적 이데올로기를 담지하고 있는 그들 자신들을 가리키고 있었던 것이다. 그렇게 그들은 성상과 그들의 이데올로기 사이에서 맴도는 판타스마적 순환의 질서 속으로 빠져 들어갔다. 우상숭배자들은 자신들이 제작한 성상을 섬겼고, 그들이 섬기는 성상은 그것을 만들어 낸 우상숭배자들을 가리키는 동시에 그들의 정체성이 되어 버린 신적 허구를 가리켰으며, 신적 허구는 다시금 성상을 가리켰다. 그렇게 그들은 자기 자신들을 숭배했다.

왜 사람들은 우상에, 이데올로기에 현혹되는가? 눈에 보이지 않는 '숨어 있는 신deus absconditus'보다는 눈에 보이는 우상이 더 섬기기 쉽기 때문이다. 더 현실적으로 느껴지기 때문이다. 한마디로 말해서, 보이지 않는 신보다는 보이는 우상을 더 쉽게 믿을 수 있기 때문이다. 메갈리아의 여성회원들은 쉽게 눈에 보이는 것에, 쉽게 즐거움을 주는 것에, 쉬운 저항에 집착했다. 그것은 바로 미러링이었고, 그녀들은 오직 미러링만을 탐닉했다.

미러링은 왜 쉬운 저항인가? 왜냐하면 그녀들이 행한 미러링은 현실 사회의 가부장적 권력관계가 만들어 내는 배제의 폭력을 그대로 반영하고 있기 때문이다. 왜 그녀들이 만들어 낸 미러링은 저 가혹한 배제의 질서를 담지하고 있는가? 왜냐하면 미러링의 제작자인 그녀들이 저 권력관계를 극복하기 위해 저항하는 대신에 오히려 저 권력관계를 그대로 자신들 속에 체화시키고 있었기 때문이다. 그녀들은 자신들 안에 저 권력관계를 그대로 내재화시키고 있었던 것이다.

물론, 미러링에서 권력관계의 항들은 서로 그 자리를 바꾸었다. 가해자와 피해자의 위치가 역전된 것이다. 하지만 그게 다였다. 메갈리아 여성회원들은 가부장적 권력관계의 주요 특성인 비대칭적 폭력를 그대로 차용한 채 단지 가해자와 피해자의 위치만 뒤바꾸는, 다분히 형식적인 변형에 만족했고, 이러한 피상적인 변형이 허용해 주었던 쾌감, 즉 '나쁜' 표현을 사용함으로써 얻을 수 있는 쾌감을 탐닉했던 것이다. 마치 일반 시민 보행자들의 쾌감을 위해 노숙인들의 자유를 제한하자고 주장하며 노숙인들을 배제했던 MBN의 뉴스처럼, 메갈의 그녀들은 다른 약자들을 배제했던 것이다. 하지만 MBN이 행했던 배제가 암묵적이었던 반면에, 메갈의 그녀들이 행한 배제는 명시적이었다.

버틀러가 제안하는 혐오 표현에 대한 저항은 '재

맥락화'이며, 이것은 초현실주의자들이 즐겨 사용했던 콜라주collage 기법에 상응한다고 볼 수 있다. 콜라주는 일찍이 피카소와 브라크가 종합적 입체주의의 단계에서 창안했고 그 후에 이탈리아의 미래주의, 다다, 초현실주의에서 폭넓게 사용된 기법이다. 콜라주를 초현실주의에 도입하는 데 주도적 역할을 했던 막스 에른스트Max Ernst가 생각했던 콜라주의 핵심은 사물들을 통상 있어야 할 곳으로부터 분리시켜서 위치를 바꾸어 놓는 것, 그래서 본래의 맥락으로부터 떼어진 사물들이 새로운 혹은 엉뚱한 위치에서 만나게 된 다른 요소들과 완전히 새로운 관계를 맺도록 하는 것이었다. 하지만 메갈리아 여성회원들이 사용한 미러링 전략은 콜라주라기보다는 오히려 전도된 사실주의였다.

왜 사실주의인가? 그녀들이 이미 내재화시키고 있었던 한국 사회의 성차별 구조가 행하는 배제의 폭력을 미러링에 고스란히 반영시켰기 때문이다.

왜 전도되었는가? 기존의 성차별적 권력관계를 그대로 차용한 채, 즉 차별하는 자와 차별받는 자의 가해-피해 관계를 고스란히 간직한 채, 단지 가해자와 피해자의 자리만 뒤바꿔 놓았을 뿐이기 때문이다. 왜 단지 '나쁜' 표현일 뿐인가? 여성 혐오 표현이 발생한 맥락들을 전혀 교란시키지 못했기 때문이다. 기존의 사회적 권력관계를, 이 권력관계를 조건 짓는 상징적 질서를 전혀 뒤흔들어 놓지 못했기 때문이다. '나쁜' 표현인 것이 뭐가 문제인가? 문제는 배제의 폭력에 대한 저항이 그 자체로 배제의 폭력이었다는 사실이다. 미러링은 배제의 폭력을 행사했다. 그리고 이것은 곧 차별 구조에 대한 저항 자체가 차별 구조에 흡수 및 통합되었다는 것을, 즉 차별 구조의 유지 및 재생산에 고스란히 기여했다는 것을 의미한다.

미러링이 사회적 약자들에 대한 '나쁜' 표현으로까지 나아갔다는 것은 결코 우연이 아니다. 그녀들은 아동을 가리켜 '좆린이' 혹은 '한남유충'이라고, 장애인을 가리켜 '윽엑윽엑'이라고, 성소수자를 가리켜 '에이즈충' 또는 '똥꼬충'이라고 표현했다. 그런데 어떻게 메갈의 그녀들은 '나쁜' 표현을 즐길 수 있었는가? 그녀들은 외부의 적에만 집중하느라 사실상 저항의 가장 큰 장애물인 그녀들 '안'에 있는 내부의 적을 미처 깨닫지 못했기 때문이다. 내부의 적, 그것은 그녀들 안에 이미 내재화되어 있었던 가부장적 질서, 즉 배제하는 폭력의 질서인 상징적 질서에 따라 만들어진 우상이었다. 이 우상의 이름은 '여성'이었다. 그녀들은 '여성'이라는 이름의 이데올로기를 섬겼던 것이다. 그렇게 메갈리아 현상은 판타스마가 되었다. 결국 그녀들은 '여성'이라는 이데올로기 '바깥'으로 나오지 못하고 '여성' 안에 자신들을 가두어 버린 것이다.

3. 여성 이데올로기

'이데올로기idéologie'라는 단어를 최초로 사용한 사람은 드 트라시Destutt de Tracy로 알려져 있다. 드 트라시에게 '이데올로기'는 그 어원상의 의미대로 '관념idée'에 대한 '학문logie', 즉 관념학을 뜻했다. 원래 관념학으로서 '이데올로기'는 긍정적인 함의를 지니고 있었다. 드 트라시는 이데올로기로서의 관념학을 통해서 형이상학적이고 종교적인 편견을 깨는 과학적인 관념의 체계를 확립하려고 시도했던 것이다. 하지만 나폴레옹이 자신을 비난하던 공화주의자를 '이데올로그idéologue'라고 명명하면서, 이데올로기는 '추상적이고 현실 연관성이 결여된 관념들의 영역'이라는 부정적인 함의를 지니게 되었다. 나폴레옹이 '이데올로그'라는 말로 표현하고자 했던 것은 이성의 법칙에 대한 연구를 과하게 수행한 나머지 자신만의 폐쇄된 사상 체계 속에 갇혀 버려 정치적 현실감각을 상실한 학자였다. 마르크스는 나폴레옹의 이 부정적인 이데올로기 개념을 이어받아서 본격적인 이데올로기론을 펼치는데, 마르크스에 의하면 이데올로기는 현실인식을 왜곡시키고 '전도Verkehrung'시키는 허위의식이다. 이데올로기는 '카메라 옵스큐라camera obscura'처럼 현실을 거꾸로 보이게 하는 전도된 허위의식에 불과하다는 것이다.

전도된 허위의식, 즉 허구적 거울상으로서 이데올로기가 문제인 이유는 무엇인가? 마르크스에게 이데올로기는 단순히 전도된 관념만을 뜻하는 것이 아니라 현실적으로 특정 사회를 지배하는 지배계급의 사상을 뜻하기도 했다. 하지만 이데올로기는 특정한 시기의 특정한 사회 안에서의 지배계급의 사상임에도 불구하고 마치 그 사회의 모든 구성원에게 가장 합리적이고 보편타당한 사상인 것처럼 나타난다. 지배계급은 자신의 사상을 사회의 보편적 사상으로 만드는 '보편화' 전략 혹은 '자연화' 전략을 구사하는 것이다. 여기에는 일종의 전도가 있다. 특수한 사상이 보편적인 사상으로, 특수한 진리가 모두를 위한 자명한 진리로, 특정한 이들을 위한 세계관(도덕, 종교, 형이상학 등등)이 초계급적 의미와 초역사적 보편성을 지닌 자명한 세계관으로 변신해 버리는 것이다.

이와 같이 마르크스에게서 이데올로기는 구체적인 조건들, 즉 물질적이거나 역사적 조건들과 분리되어 자립성과 실체성을 얻은 결과, 마치 구체적인 조건들 이전부터 존재해 오기라도 했던 것인 양 보편화/자연화된 허구적 관념을 뜻한다. 이렇게 보편화/자연화된 이데올로기는 지배계급의 이익을 보호하는 데 기여하게 된다. 피지배계급이 지배계급의 이데올로기를 보편적이고 자명한 진리로 받아들이게 될 경우, 계급 간의 갈등적 지배구조를 문제 삼는 저항적 사유가 미리부터 차단될 수 있기 때문이다.

마르크스가 말하는 '이데올로기' 개념은 단순히 허의의식과 지배계급의 사상에만 국한되지 않는다.

이 점이 우리의 논의에 있어서 특히 중요한데, '이데올로기' 개념을 허위의식과 지배계급의 사상에만 한정해서 이해할 경우, 특수한 진리가 보편적 진리로 변신하는 전도 현상이 마치 지배계급에 의해 의도적으로 연출된 듯한 느낌을 주기 때문이다. 하지만 마르크스의 이데올로기론은 그가 『자본론』에서 말한 '상품물신Warenfetishismus'에까지 확장될 수 있으며, 만일 우리가 상품물신을 이데올로기의 한 형태로 간주할 경우, 이데올로기는 더 이상 단순히 지배계급이 피지배계급을 억압하기 위해 의도적으로 사용하는 사상적 수단으로 간주될 수는 없을 것이다. 왜냐하면 상품물신은 지배계급에 의해서든 피지배계급에 의해서든 무의식적으로 행해지기 때문이다.

『자본론』의 마르크스는 자본가이든 노동자이든, 그들은 모두 상품물신을 전혀 의식하지 못한 상태에서 행한다고 강조한다. 상품물신이 프롤레타리아들을 기만할 뿐 아니라 부르주아들도 똑같이 착각하게 만든다는 것이다. 결국 자본주의 사회의 상품물신은 단순히 특정한 계급을 위해서만 의도적으로 조작된 표상도 아니고, 특정한 계급에 속하기 때문에 사로잡힐 수밖에 없는 허위의식도 아닌 것이다. 상품물신으로까지 확장된 이데올로기 개념에서 우리가 주목해야만 할 것은 이데올로기나 상품물신으로 인해 한 사회 속에서 일어나는 지배와 억압은 개인들의 의지나 무지 때문에 발생한다기보다는 오히려 그 사회를 특징짓는 사회적 관계에 의해 결정된다는 사실이다. 이것은 곧 지배와 억압의 원인은 의식의 자율성이 아니라 사회적 관계라는 역사적으로 우연한 조건들이라는 것을 의미한다.

여기서 마르크스의 이데올로기론은 이 책의 1장에서 언급한 '상징적 질서'라는 구조주의의 개념과 조우하는 것으로 보인다. 명시적이라기보다는 암묵적으로 행해지는 지배와 억압은 상징적 질서라는 무의식적 차원의 층위에서 그 작동의 근거를 갖는다고 보는 것이 타당하지 않겠는가? 상징적 질서를 통해서 이해된 이데올로기 개념이 우리에게 말해 주고 있는 것은 억압하는 자는 억압하려고 마음먹은 자가 아닐 수 있다는 것, 상징적 질서가 조건 짓는 지배와 억압은 무의식적으로 행해진다는 것이다. 하지만 만일 우리가 우리도 깨닫지 못한 채 이데올로기나 상품물신에 사로잡혀서 타인들에게 지배와 억압을 행하는 것이 사실이라면, 단순히 주체적 결단을 통해서, 자유로운 결단을 통해서 지배와 억압에 저항하는 것이 과연 의미가 있을까? 가해자가 익명적이고, 억압이나 지배가 보이지 않는 상황에서 과연 누구에게 저항해야 할 것이며, 또 무엇을 극복해야 할 것인가?

이는 대답하기 어려운 물음이다. 그렇기에 저항은 어려운 것이다. 하지만 본질주의를 지향하는 페미니즘은 이 어려운 물음에 대해 너무 쉽고 가볍게

답변하였고, 그렇게 '여성'이라는 이데올로기에 너무나도 쉽고 가볍게 빠져 버렸다. 쉬운 저항. **참을 수 없는 저항의 가벼움.**

본질주의 페미니즘이나 급진주의 페미니즘을 지향하는 여성학자들은 대다수 한국 남성들이 여성문제를 '사소한 것'으로 여기고 있다는 사실을 강조한다. 많은 한국 남성들이 여성문제를 '사소하다'고 여기는 경향이 있기 때문에 여성운동에 대해서 방관하거나 불편한 태도를 보인다는 것이다. 예를 들어, 급진주의 페미니스트인 정희진은 자신의 논문인 『인권의 관점에서 바라본 여성에 대한 폭력』(2003)에서 "가부장제 사회에서 여성들이 당하는 억압이나 폭력은 '사소한 문제'로 간주되기 때문에 정치적으로 중요한 의제로 설정되지 않는다"고 주장한 바 있다.

나는 정희진의 이 주장에 '부분적으로' 동의한다. 실제로 적지 않은 남성들이 여성차별로 인한 현실적 문제들을 제대로 인식하지 못하고 있다. 이 책의 1장에서 언급했던 것과 같이 암묵적 배제는 은폐되기 마련이며, 그렇기에 남성들이 여성들에게 가하는 암묵적 배제를 남성들 스스로가 명시적으로 인식한다는 것은 힘든 일인 것이다.

하지만 그렇다면 왜 나는 정희진의 저 주장에 전적으로 동의하는 것이 아니라 '부분적으로' 동의한다고 말하고 있는 것일까? 그녀의 주장에다가 다음의 두 가지 주장을 더 첨가할 경우에만 비로소 내가 전적으로 동의할 수 있는 주장이 성립된다고 생각하기 때문이다.

첫째, 여성문제를 사소한 문제로 여기는 여성들이 존재한다. 정희진의 주장대로 대다수의 한국 남성들에게 여성문제는 '사소한' 문제일 뿐이다. 하지만 여성문제를 사소하게 여기는 이들은 단지 다수의 남성들만은 아니다. 적지 않은 여성들도 역시 그러하다. 그 이유는 남자이든 여자이든, 성적 다수자이든 성적 소수자이든, 우리 사회의 모든 구성원은 가부장적 틀에 연루된 상징적 질서를 통해서만 현실에 접근할 수 있기 때문이다. 따라서 우리 사회의 여성 차별적 현실을 인식하는 데 상징적 질서에 의한 현실 인식이나 암묵적 배제의 은폐성에서 자유로운 특권을 지닌 이는 존재하지 않는 것이다. 이것은 곧 한국 사회의 모든 여성들이 반드시 여성문제를 제대로 인식하고 있다고 확실하게 보장해 줄 수 있는 근거는 어디에도 없다는 것을 의미한다.

둘째, '모든' 여성 페미니스트가 '모든' 여성문제를 다 인식하고 있는 것은 아니다. 한 여성이 페미니스트라고 해서 그녀가 '모든' 여성들이 경험하는 현실적 문제들을 '모두' 인식하고 있다고 확언할 수는 없다는 것이다. 뒤에서 보게 되겠지만, 적지 않은 여성 페미니스트들은 자신들이 지니고 있는 인종적, 경제적, 지정학적, 연령적, 성지향적 배경과는 '다른' 배경을 지니고 있는 여성들의 문제, 즉 그녀들과는 '다른' 여성들의 문제를 간과하고 있거나 '사소한' 문제들로 여겨 왔다.

지금 내가 정희진의 주장에 첨가하고자 하는 이 두 가지 주장 중에서 우리가 주요하게 다루게 될 것은 두 번째 주장, '모든' 여성 페미니스트가 '모든' 여성들이 겪고 있는 '모든' 여성문제를 인식하고 있는 것은 아니라는 주장이다. 여기서 강조하고 싶은 것은 이 주장이 오빠들이 설명해 주는 페미니즘, 이른바 '맨스플레인'적 페미니즘에서 나온 것이 아니라 바로 여성 페미니스트들에 의해서 제기된 주장이라는 사실이다. 말하자면, 이 주장은 페미니스트들 '안'에서 나온 페미니스트에 대한 비판, 일종의 '내부비판'인 셈이다. 특히 이 주장은 본질주의를 추구하며 '여성'이라는 이데올로기에 빠져 버린 급진주의 페미니스트들에 대한 강력한 비판이라 할 수 있다.

모든 억압 중에서 여성억압이야말로 가장 근원적인 억압이라는 생각은 페미니즘의 제2의 물결에 속하는 많은 페미니스트들이 공유하고 있는 신념이다. 급진주의radical 페미니스트인 앨리슨 재거Alison M. Jagger와 파울라 로텐버그Paula S. Rothenberg는 공저인 『페미니스트적 틀Feminist Frameworks』(1984)에서 성차별주의가 모든 억압 중에서 가장 근원적인 억압이라고 주장했다.

세상에는 다양한 억압이 존재한다. 이를테면 성적 억압, 인종적 억압, 경제적 억압, 식민주의적 억압, 종교적 억압, 성정체성적 억압 등이 그것이다. 그런데 제2의 물결에 속하는 많은 페미니스트들, 그중에서도 특히 급진주의 페미니스트들은 이러한 모든 억압 중에서 가장 최초의 억압이자 근원적인 억압은 여성에 대한 성적 억압이라고 주장한다. 재거와 로텐버그는 자신들이 여성억압을 가장 근원적인 억압으로 보는 이유를 다섯 가지 근거를 들어 설명한다. 첫째, 역사적인 견지에서 여성은 최초로 억압된 집단이다. 둘째, 사회적으로 가장 광범위하게 퍼져 있는 억압은 여성억압이다. 셋째, 여성억압은 설령 계급사회가 폐지된다고 해도 결코 제거되지 않을 만큼 가장 견고하며, 가장 뿌리 깊은 억압이다. 넷째, 양적으로, 질적으로 피해자에게 가장 큰 고통을 주는 억압은 바로 여성억압이다. 마지막으로 다섯째, 모든 형태의 억압은 여성억압에서 그것들의 개념적 모델을 발견할 수 있다. 여성억압을 가장 근원적인 억압으로 간주하는 이러한 관점에서 경제적 억압이나 인종적 억압은 여성억압보다 '덜' 근원적인 억압으로 생각될 수밖에 없을 것이다. 예를 들어, 역시 급진주의 페미니스트로 분류되는 케이트 밀레트Kate Millett는 『성의 정치학Sexual Politics』(1970)에서 남녀 관계가 모든 권력 관계의 패러다임이기 때문에 성차별주의가 인종주의보다 더 근본적인 권력 개념을 나타내고 있다고 주장하는데, 이것은 곧 성차별주의가 인종주의보다 더 근본적인 억압이라는 것을 뜻한다. 과연 그럴까? 가장 근원적이고, 가장 보편적인 억압이 여성차별이라고 주장하는 것이 정말로 '모든' 여성의 구체적인 삶을 이해하는 것에 기여할 수 있는 것일까? 여성억압이 가장 근원적인 억압이라는 주장은 우리가 '모든' 여성의 구체적인 삶을 진지하게 이해하고자 시도할 때 충분히 정당한 전제로 기능할 수 있는 것일까? 생각해 보자. 가난한 여성들을 가장 힘들게 하는 것은 여성차별인가 아니면 자본주의인가? 유색인 여성들을 가장 힘들게 하는 것은 여성차별인가 아니면 인종차별인가? 제3세계 여성들을 가장 힘들게 하는 것은 여성차별인가 아니면 식민주의인가? 어려운 질문이다. 따라서 우리는 이 질문에 대한 명확한 대답을 아직 갖고 있지 못하다는 사실을 인정해야 한다.

하지만 본질주의로 경도된 페미니스트들, 특히 급진주의 페미니스트들은 저 질문에 대한 명확한 대답을 자신들이 이미 갖고 있다고 너무나도 쉽게 확신하고 있다. '모든' 억압 중에서 가장 근원적은 억압은 여성억압이며, '모든' 여성에 있어 가장 근원적인 억압도 역시 여성억압이라는 것이다. 이러한 본질주의적 '확신'이 근거 없는 확신이라는 주장은 이미 수차례 제기되었는데, 이러한 주장은 바로 페미니스트 진영 내부에서 제기되었다. 여성 문제에 대한 본질주의적 확신은 근거가 없는 확신이기에 일종의 관념적 허구일 수밖에 없으며, 결국 우상숭배에 가까운 신앙의 문제일 수밖에 없다.

관념적 허구에 불과한 거짓 확신이 문제인 까닭은 이러한 거짓 확신이 '배제'의 문제를 야기하기 때문이다. 여성억압이 가장 근원적인 억압이라는 보편적 가정은 인종차별로 인해 고통받는 유색인 여성들의 문제를, 경제적인 문제로 고통받는 하층계급 여성들의 문제를, 경제의 전 지구화globalization가 초래한 전-지구적 권력관계 속에서 고통받는 제3세계 여성들의 문제를, 노년 차별 문제로 고통받는 나이든 여성들의 문제를 배제하는 것이다. 그리고 이러한 배제는 각기 인종주의, 자유주의, 유럽중심주의,

그리고 저연령층중심주의의 형태로 나타난다. 하지만 다른 여성 약자들을 배제하는 저항이 참된 저항일 수 있을까? 결국, 거짓 확신을 토대로 해서 이뤄지는 저항은 사실상 배제에 대한 저항이라는 명분하에 행해지는 또 다른 배제에 불과할 뿐이다. 그렇기에 본질주의/급진주의 페미니스트적 저항은 '참된' 저항이 아니라 '가짜' 저항이다.

페미니스트들은 오랜 시간 동안 남성과 여성 간의 '차이'라는 문제에 대해서 고민해 왔지만 여성들 간의 '차이'라는 문제는 간과하는 경향을 보여 왔다. 사실 여성들 간에도 차이는 존재할 수밖에 없는데, 대표적인 예로는 사회적 계급의 차이, 인종의 차이, 능력의 차이, 성적 취향이나 성적 정체성의 차이 등을 언급할 수 있다.

하지만 왜 여성들 간에도 '차이'가 존재한다는 명백한 사실이 페미니스트적 논의에서 누락되어 왔던 것일까? 아마도 페미니스트들이 모든 여성이 공유하고 있는 '공통된' 경험으로서의 '공통된' 억압을 문제로 가정해 왔고, 또 이 억압을 극복하기 위한 '공통된' 전략을 찾아내는 것을 자신들의 과제라고 가정해 왔기 때문이리라.

공통된 억압과 이 억압으로부터의 해방이라는 두 가지의 문제들에만 집중할 경우, '공통된' 것의 바깥에 위치하고 있는 것들, 즉 여성들 간의 인종적이거나 경제적인 차이와 같은 '덜 공통된' 것들이 사유에 포섭될 가능성은 사실상 부재한다. 공통성이나 보편성은 사소한 것들로 보이는 차이들을 배제해야만 구축될 수 있다. 따라서 일단 확립된 본질이나 보편성을 통해서 차이들을 인식한다는 것은 힘들 수밖에 없다.

그 결과 여성들 간에 '공통된' 어떤 것을 사유의 전제로 삼아 왔던 페미니스트들은 '공통된' 것으로 여겨지는 것의 바깥에 놓인 것들, 즉 '공통된' 것에 포함되지 못하고 배제된 것들을 간과할 수밖에 없었다. 바로 이것이 공통된 것 바깥에 있는 여성들 간의 차이들이 페미니스트적 논의 안에서 적극적으로 고려될 수 없었던 이유이다.

공통된 것을 전제로 하는 페미니스트적 사유들은 여성에 대한 본질적인 모델을 구축해 내었는데, 이러한 모델은 다음과 같은 방식으로 정식화될 수 있을 것이다. '여성인 우리들은 모두 억압받고 있으며, 따라서 이 억압에 대항해서 싸워야만 한다.' 여기서 문장의 주어인 '여성인 우리들'은 개별 여성들이 지닌 구체적인 차이들을 배제하고 개별 여성들이 공유하고 있는 일종의 '본질'과도 같은 어떤 공통된 것의 매개를 통해서 지금까지 존재해 왔던 모든 여성, 앞으로 존재하게 될 모든 여성, 그리고 현재 존재하고 있는 모든 여성을 한꺼번에 지시하고 있다. 그리고 이러한 보편적 지시 혹은 본질적 지시 속에서 계급과 인종, 능력, 성적 정체성의 차이 등은 우발적이고 유연한 요소들로 취급받으며 배제된다.

그 결과 여성의 본질은 '억압받는 것'에 있는 것이며, 그 외의 다른 것들은 모든 본질적인 것이 아닌 부차적인 것들에 불과할 뿐이라는 본질주의적 주장이 도출된다. 이러한 본질주의적 주장의 문제는 여성 문제를 보편화시키면서 여성의 본질을 구축하는 가운데 결국 본질적인 것에 포함될 수 없는 차이들, 즉 계급적, 인종적, 민족적, 성적 차이들을 배제하고 은폐한다는 데 있다.

더 심각한 문제는 이렇게 구축된 여성의 본질이 특정한 인종에 속하는 특정한 사회 계층의 경험을 일반화시킨 결과물이었다는 사실이다. 전통적으로 여성의 본질을 구축하는 과정에 있어 주축이 된 페미니스트들은 유럽과 미국 북부의 백인 중간계급 여성들이었다. 여성 사회학자인 마가렛 앤더슨Margaret Anderson은 자신의 저서인 『여성들에 대해 생각하기: 사회학적이고 페미니스트적인 관점Thinking about Women: Sociological and Feminist Perspectives』(1983)

에서 백인 페미니스트들이 백인 중산층 여성인 자신들의 사회적 경험을 모든 여성의 경험으로 보편화하는 경향이 있다고 지적하면서, 이것이 지닌 위험성에 대해서 경고한 바 있다. 많은 백인 페미니스트들이 어떤 주장을 할 때 그 주장이 자신들과는 사회적으로 다른 계층에 속한 여성들, 자신들과는 다른 종교적·문화적 배경을 가진 여성들에게도 과연 진실일 수 있을지의 여부를 고려하지 않는 경향을 보여 왔다는 것이다.

한 인간이 지닌 관점 및 지식이 사회적으로, 문화적으로 제한되어 있다는 자각 없이, 또 이러한 제한으로 인해 자신의 관점과 지식이 편견으로부터 결코 자유롭지 않다는 자각 없이 수행되는 여성에 대한 연구가 과연 성실한 연구일 수 있을까? 자신들의 인종적이고 계급적인 상대성을 자각하지 못한 상태에서, 그리고 상징적 질서 속에서 자신들이 행하는 암묵적 배제를 자각하지 못한 상태에서 여성의 집단적 정체성을 본질주의적으로 규정하며 백인 페미니스트들이 생산해 내었던 여성의 본질은 결국 관념적 허구에 불과할 뿐이다. 그녀들이 진리라고 믿었던 여성의 본질은 (모든 이데올로기가 그러한 것처럼) 상상된 본질에 지나지 않았던 것이다.

다른 모든 여성과 관계해서 계급적 차이와 인종적 차이를 지녔던 이 특수한 여성들, 즉 백인 중산층 여성들은 자신들만의 특수한 경험을 보편적인 것으로서 일반화시켰고, 그 결과 자신들만의 특수한 억압 경험과 해방의 소망을 토대로 해서 여성의 본질을 만들어 내었다. 그리고 그녀들은 이렇게 만들어진 본질을 '모든' 여성들을 포괄할 수 있는 본질로 믿고 숭배했다. 하지만 이러한 믿음은 착각일 뿐이었다. 실제로 노동계급 여성들의 경험, 흑인 여성들의 경험, 제3세계 여성들의 경험, 노년 여성들의 경험 등은 저 본질에서 배제되었다는 주장들이 백인 중산층 여성 페미니스트들과는 다른 배경을 지닌 페미니스트들에 의해서 쏟아져 나왔다.

젊은 백인 중산층 여성 페미니스트들은 백인도 아니고 중산층도 아닌 여성들, 즉 젊은 백인 중산층 여성 집단의 경계 바깥에 있는 여성들에게 현실적으로 가장 억압적인 기제로서 작용해 왔을지도 모르는 자본주의, 인종주의, 식민주의, 노년차별 등의 문제를 간과했다는 것이다. 바로 이것이 페미니즘의 '제1의 물결'과 '제2의 물결'이 자유주의적이고, 백인중심주의적이고, 유럽중심주의적이고, 저연령중심주의라고 비판받았던 이유이다.

여성의 보편성을 주장하는 백인 페미니스트들은 '여성의 보편성'이라는 포괄적인 개념을 내세우며 다른 인종에 속하는 여성들의 구체적인 삶과 경험을 배제했다. 이러한 배제가 지닌 문제점은 단지 그것이 유색인 여성들의 구체적인 상황을 은폐한다는 것에만 국한되는 것이 아니다. 가장 중요한 것은 이러한 배제 및 은폐와 더불어 백인 페미니스트들은 인종주의적 사회구조 속에서 자신들도(!) 가해자라는 사실을 인식하지 못했다는 사실이다.

여성들은 단지 성차별의 피해자이기만 한 것이 아니다. 여성들 '안'에서도 차별이, 배제의 폭력이 존재하는 것이다. 남성에 의해 행해진 배제가 아닌 페미니스트들 안에서의 배제, 즉 여성들 안에서의 배제라는 문제는 페미니즘에 대한 심각한 (내부) 도전이다. 원래 페미니즘은 배제의 폭력에 대한 저항 운동이 아니었던가? 하지만 배제의 폭력에 대한 저항 안에 또 다른 배제의 폭력이 존재한다는 사실은 페미니즘이 배제의 폭력에 저항한다는 명분하에 그 자신이 배제의 폭력으로 전락해 버렸다는 것이 아니라면 도대체 무엇을 뜻하겠는가?

메갈의 그녀들은 같은 여성이라도 자신들의 사상에 동의하지 않을 경우 그 여성들을 '흉자'(흉내자지) 혹은 '명자'(명예자지) 등으로 부르며 비하했다. 그렇게 메갈은 여성들 '안'에서 배제를 행사했던 것이다. 인종주의적 사회 속에서 여성들은 얼마든지 유색인 여성들의 억압자일 수가 있다. 그렇기에 백인 페미니스트들은 자신들이 이러한 인종적 권력관계 속에서 가해자일 수 있다는 사실을 인식해야만 했다. 하지만 보편적인 여성성을 토대로 해서 보편적인 평등을 추구했던 백인 페미니스트들은 여성에 의해서 행해지는 여성에 대한 차별 문제를 지속적으로 간과해 왔다.

왜 자유주의 페미니스트들은 자본주의의 영향을 간과하거나 저평가해 왔던 것일까? 백인 중산층 여성들인 그녀들에게 인종차별은 '사소한' 문제였기 때문이다. 유색인종이 아닌 그녀들, 즉 인종차별 사회 속에서 피해자이기보다는 오히려 가해자인 그녀들에게 인종차별은 자신들이 실제로 경험하고 있는 성차별보다 '덜' 근원적인 억압일 수밖에 없었기 때문이다.

본질주의 페미니즘은 여성억압을 가장 근원적인

억압으로 가정함으로써 크게 네 가지를 배제했다고 볼 수 있다. 유색인 여성들의 문제에 대한 배제, 하층계급 여성들의 문제에 대한 배제, 제3세계 여성들의 문제에 대한 배제, 노년 여성들의 문제에 대한 배제가 그것이다. 이러한 배제들은 각기 인종주의, 자유주의, 유럽중심주의, 저연령자중심주의의 형태로 나타났다. 본질주의에 경도되었던 서구의 백인 중산층 페미니스트들은 '여성의 보편성'이라는 포괄적인 개념적 틀을 내세우며 자신들과는 다른 인종의 여성들, 자신들과는 다른 계급의 여성들, 자신들과는 다른 지역의 여성들, 자신들과는 다른 연령대의 여성들에게 배제의 폭력을 행사한 것이다. 이것은 곧 여성들이 단지 성차별의 피해자이기만 한 것이 아니라 오히려 다양한 권력관계들 속에서 가해자의 위치에 있어 왔다는 것을 의미한다. 하지만 그녀들은 여성들 '안'에서도 차별이, 배제의 폭력이 존재하는 사실을 제대로 인식할 수 없었고, 설령 인식했다 하더라도 그것을 공개적으로 인정하기 힘든 상황에 처해 있었다.

심리학자이자 여성학자인 필리스 체슬러Phyllis Chesler는 『여성에 대한 여성의 비-인간성Woman's inhumanity to woman』(2001)에서 1980년대에만 해도 대부분의 페미니스트 학자들이 여자들도 남자들과 마찬가지로 성차별적인 가치를 습득하고 있다는 것이나 여자들도 남자들과 마찬가지로 사악한 성향을 갖고 있다는 것에 대해서, 다시 말해 여자들도 폭력성을 갖고 있다는 것에 대해서 침묵했다는 점을 지적한다.

여성의 폭력성에 대한 이 침묵의 이유는 무엇이었을까? 체슬러는 크게 세 가지의 이유를 언급한다. 첫째, 설령 그것이 진실된 내용이라 할지라도 여성의 부정적인 면을 부각시키는 글을 출판할 경우, 이 글이 여성에게 불리한 방향으로 이용될 수 있다는 우려 때문이었다. 둘째, 여자에 비해 남자의 폭력성이 훨씬 더 압도적이고, 위협적이며, 두드러져 보였기 때문이다. 남자가 행사한 실제적 폭력은 그 파괴력으로 인해 심리적이거나 사회적인 처벌이 수반되는 경우가 많았지만, 여자가 행사한 폭력은 덜 위협적인 것으로 나타났다는 말이다. 셋째, 여성의 폭력성이라는 진실을 마주하는 것을 페미니스트 자신들이 두려워했기 때문이다.

이 상황을 우리의 맥락에서 말해 보자면, 결국 1980년대에 페미니스트들이 여성의 폭력성에 대해 침묵했던 이유는 여성의 폭력성이 '사소한 것'으로 간주되었기 때문이다. 여자의 폭력은 굳이 불리하게 이용될 것을 감수하고 공적인 매체를 통해서 밝힐 필요가 없을 만큼 남자의 폭력에 비해 상대적으로 사소했기 때문이었다. 그리고 이러한 사소함은 여자의 폭력성이라는 불편한 진실 앞에서 그것의 문제점을 손쉽게 회피하기 위한 심리적 기제로, 학자적 양심의 가책을 덜어 주는 알리바이로 작용하였을

지도 모른다. 결국 체슬러가 강조하고 싶은 것은 제2의 물결까지 유지되어 왔던 페미니스트 패러다임이 여성을 오직 희생자로서만 인식했을 뿐 가해자로서는 인식하지 않아 왔다는 것이다. 하지만 여성도 얼마든지 여성에 대한 가해자일 수도 있다는 것이 체슬러의 주장이다.

그렇다면 어떻게 여성들은 여성들에 대한 비인간적 가해자일 수 있는 것일까? 여자들도 남자들과 마찬가지로 성차별적인 가치들을 습득했기 때문이다. 말하자면, 가부장적 폭력은 남성들만이 갖고 있는 것이 아니라 여성들 역시 내재화할 수 있다는 것이다. 따라서 폭력, 성적인 정복, 권력 등은 오로지 남성들만의 몫이며, 폭력의 피해자, 성적 정복의 피해자, 권력의 피해자 등은 오로지 여성들만의 몫이라는 유사-계급 이념적이고 이분법적인 주장은 허구이다. 그러므로 여성들은 서로를 '이상화'해서도 안 되며, 마찬가지로 서로를 '악마화'해서도 안 된다. 여자들도 (남자들과 마찬가지로) 다른 여자들에게 명시적 배제나 암묵적 배제를 행할 수 있으며, 여자들도 (남자들과 마찬가지로) 다른 여자들을 경멸할 수 있는 것이다.

페미니스트들은 여성들 '안'에서의 배제의 폭력 문제만 간과한 것이 아니라 여성들의 남성들에 대한 폭력 문제 역시 간과했다. 본질주의를 지향했던 페미니스트들은 '모든 남성이 모든 여성을 억압하고 있다'는 지나치게 일반화된 주장을 고수하며 '억압받는 여성'이라는 보편적 모델만을 구축했을 뿐만 아니라 '억압하는 남성'이라는 보편적 모델도 함께 만들어 내었던 것이다.

하지만 여성도 남성을 억압한다. 예를 들어, 성적 대상화의 주체가 항상 남성인 것만은 아니다. 성적 대상화는 남성과 여성 서로 간에 상호적으로 이뤄지고 있는 것이다. 하지만 성적 대상화가 가부장적 질서에 의해서 작동하므로 흔히 남성이 행하는 여성에 대한 성적 대상화가 문제되는 것이다. 그러나 성적 대상화는 상호적이다. 비록 성적 대상화가 남성적 취향에 맞게 조율되어 있긴 하지만, 이렇게 조율된 취향을 여성도 자신 안에 체화시키는 것이다. 요컨대 가부장적 질서를 내재화한 여성은 성욕의 발현에 있어 (불가피하게 그리고 부지불식간에) 가부장적 성적 대상화를 남성에게 또는 여성에게 행하고 있는 것이다. 결국 여성들도 성희롱이나 성추행을 행하고 있다. 다만 가부장적 질서라는 인식적 필터로 인해 쉽사리 은폐될 뿐이다.

이제 '억압받는 여성'이라는 본질주의적 허구는 페미니즘 안에서 제기된 내부 비판에 의해 깨지고 있는 중이다. 그와 더불어 '여성'이라는 유일한 보편 관념은 페미니즘 내부에서 제기된 비판들로 인해서 인종, 계급, 지역, 연령 등의 다양한 사회적 권력관계 범주로 분할되었고, 그 결과 페미니즘은 페미니즘'들'로 분화되었다. 페미니즘이 복수화된 것이다.

페미니즘의 다원화는 본질주의적 페미니즘이 전제하고 있었던 '억압하는 남성'이라는 단일한 적을 가정하여 유지하는 것이 힘들어졌다는 것을 의미한다. 만일 '여성'이 계급적으로, 인종적으로, 지역적으로, 연령적으로 분화될 수 있다면, 마찬가지로 '남성'도 분화되어야 하는 것이 합당하다.

여성을 일방적으로 억압하는 것으로 가정된 '남성'이라는 본질은 허구이다. 남성은 남성'들'로 분화되어야 한다. 이는 곧 더 이상 남성들이 지배/종속 관계에서 가해자라는 단일한 범주로 환원될 수 없다는 것을 의미한다. 예를 들어, 1970년대 이후 흑인 페미니스트들은 여성차별이 인종차별보다 더 근원적인 억압이라는 본질주의적 주장을 거부하며, 남성을 여성의 공동의 적으로 상정하는 모델이 인종차별적인 백인 사회에서 살아가는 흑인 남녀 관계를 설명하기 위한 적절한 개념적 도구가 될 수 없음을 강조해 왔다. 모든 남성은 가해자이고 모든 여성은 피해자라는 이분법적 도식은 인종차별적인 사회에서 흑인들이 차지하는 특수한 위치를 이해하기에 적절하지 않다는 것이다.

우리는 이 장의 서두에서 이데올로기가 상징적 질서의 층위에서 작동한다고 주장했다. 이것은 곧 지배자들만을 위한 이데올로기뿐만 아니라 피지배자들을 위한 이데올로기도 존재한다는 사실을 의미한다. 한편에 지배 이데올로기가 있다면, 다른 한편에는 저항 이데올로기가 있다. 따라서 가부장적 이데올로기만 있는 것이 아니라 페미니즘적 이데올로기 역시 존재한다. 만일 가부장적 이데올로기가 여성에 대한 배제를 은폐한다면(암묵적 배제!), 페미니즘의 '여성' 이데올로기는 여성이 여성에게 또는 여성이 남성에게 행하는 배제를 은폐한다. 상징적 질서 속에서 배제된 것은 바로 그 질서 속에서는 결코 인식될 수 없다. 그렇기에 서구의 백인 중산층 페미니스트들은 자신들이 행하는 배제를 인식할 수 없었다. 그녀들은 인종주의적 사회구조, 자본주의적 경제구조, 전-지구적 세계 질서, 노년차별적 문화 등이 함께 구성하고 있는 상징적 질서 속에서 남성들뿐만 아니라 자신들도 역시 가해자라는 사실을 인식하지 못했던 것이다.

지배 이데올로기이든 저항 이데올로기이든, 다양한 이데올로기에는 하나의 공통된 특성이 있다. 서로 구별되며, 때로는 서로 대립하기도 하는 이 다수의 이데올로기들이 한결같이 자본주의라는 사회체제의 유지 및 재생산에 기여한다는 사실이다. 이데올로기는 암묵적 배제를 은폐하기 때문에 저항의 이데올로기도 역시 암묵적 배제를 은폐하며, 그 결과 암묵적 배제의 궁극적 원인인 자본주의 체제를 은폐하게 되는 것이다. 물론 모든 약자들의 문제를 자본주의 문제로 환원하는 것은 철지난 계급-이념적 태도일 것이다.

하지만 약자의 문제가 자본주의의 도래와 더불

어 혁명적인 방식으로 심화되기 시작했다는 것과 자본주의적 귀결을 갖게 된다는 것도 역시 부인할 수 없는 사실이다. 여성 차별이든, 성소수자 차별이든, 장애인 차별이든, 노인 차별이든, 아동 차별이든, 다양한 층위의 약자들의 문제는 자본주의가 초래한 상징적 질서 속에서 심화되며, 궁극적으로는 경제적 문제로 수렴된다. 개개의 약자들의 집단 중에서도 가장 약한 자들은 가난해질 수밖에 없는 것이다.

지배 이데올로기뿐만 아니라 저항 이데올로기도 자본주의라는 문제를 은폐한다. 새누리당과 사실상 동일한 신자유주의 경제 정책을 가진 더불어민주당이 진보 정당인 것처럼 보이는 전도된 착시 현상이 그 예일 것이다.

더불어민주당은 반친일과 반독재를 주구장창 정치의 전면으로 내세우며 민족주의 이념이 빈민들을 구제할 수 없다는 사실을, 부의 재분배는 생각으로 해결되는 것이 아니라 경제적으로 해결된다는 사실을 은폐한다. 은폐된 것은 저항의 대상이 될 수 없다. 그렇게 신자유주의화된 전 지구적 자본주의 체제는 저항의 초점에서 비껴나게 되고, 더불어민주당의 지지자들은 신자유주의가 야기한 경제적 불안감을 민족주의적으로 전도된 거짓 저항 속에서 해소한다. 요컨대 저항 이데올로기가 가시적인 무언가를 이슈화시키고 부각시킬 때마다 (대개의 경우) 가장 치명적인 배제의 실제적 원인은 뒤로 물러나 숨어버리는 것이다. 바로 이러한 까닭에 저항 이데올로기는 참된 저항일 수가 없다. 저항은 그것이 이데올로기로 변질되는 순간 지배의 재생산에 기여하는 유사-저항으로 추락한다. 더불어민주당의 유사-저항은 자본주의적 문제를 은폐할 뿐이다. 단지 저항하는 것처럼 '보일 뿐'인 더불어민주당적 정치는 사실상 유사-저항에 다름 아니다. 바로 여기에 한국 사회의 정치적 가상을 끊임없이 재생산하는 근본원인으로서의 일종의 착시현상이 있다. 약자들을 위한다고 자처하는 지식인들 중 대다수는 더불어민주당을 지지한다. 이상한 일이다. 왜냐하면 만일 이들이 정말로 약자들을 위하고자 한다면(적어도 정당정치의 차원에서는) 우파 사민주의를 통한 복지국가 확립을 내세우는 정의당을 지지해야만 할 것이기 때문이다. 새누리당과 더불어민주당은 모두 신자유주의 경제를 지향한다. 신자유주의는 '경쟁'을 최우선적 가치로 여기기에 복지국가와 신자유주의는 양립불가능하다. 따라서 더불어민주당은 새누리당과 마찬가지로 결코 약자들을 위한 정당이 아니다. 그렇다면 약자들을 위한 '상식의 도덕'을 외쳐 대는 저 지식인들은 왜 더불어민주당을 지지하는 것일까? 사실 더불어민주당은 가성비가 좋은 이념 상품이다. 치러야 할 자본주의적 댓가는 저렴한 반면에, 얻는 것은 크기 때문이다. 얻는 것은 중간계급을 위한 신자유주의 경제적 정치와 도덕적 자부심이다. 님도 보고 뽕도 따는 것처럼, 자신의 경제적 이해관계에 충실하면서도 자신이 도덕적이라는 (허위) 의식을 가질 수 있다. 하지만 도덕적 자부심이 유지되기 위해서는 경제적 욕망은 은폐되어야만 한다. 경제적 욕망과 약자들에 대한 배려는 서로 모순되기 때문이다. 그래서 더불어민주당과 그 지지자들은 친일 잔재들에 분노하고, (없는 독재를 만들어 내어서라도!) 독재에 분노해야만 한다. 화가 날수록 더불어민주당의 우파적 경제 정책은 더 은폐된다. 그래서 화가 날수록 도덕적 자부심은 더 선명해진다. 쉽다. 참으로 쉬운 저항이다. 잃을 것은 아무 것도 없고 얻을 것은 너무나도 많은 저항. 만일 내가 오늘날에 태어난 박정희라면 (즉 타고난 기회주의자라면!), 나는 아마도 더불어민주당과 연대했을 것이다.

이데올로기는 무엇이든 단순화시킨다. 지배 이데올로기이든, 저항 이데올로기이든, 이데올로기 속에서 선과 악, 우리 편과 적이라는 이중적 대립항들은 항상 명확히 대립하며, 따라서 투쟁의 대상도 명확하다. 그렇게 신화가 써진다. 이데올로기는 언제나 신화이다. 이데올로기라는 이름을 지닌 오늘날의 신화 속에서 영웅은 비장한 태도로 불의에 맞서 괴물과 싸운다. 큰 힘을 지닌 거대한 괴물 앞에서 달랑 칼 한 자루를 든 영웅은 자신의 모든 것(심지어 목숨마저도!)을 걸고 싸우는 이처럼 비장해 보인다. 철지난 반(친일-)독재 투쟁의 기사들이 그저 바람만 뿜어 댈 뿐인 반공의 풍차 주위로 모여들고, 그들을 응원하는 유사 어용 지식인들, 즉 민족주의 영웅들을 받들어 모시는 산초들이 이웃나라의 험한 극우들에 질세라 열광하는 장면은 우리에게 너무나도 익숙한 일상이다. 우리는 신화 속에서 살고 있다. 이데올로기의 근본적인 문제는 너무나도 쉽게 아군과 적군을 구분하는 가운데 가장 근원적인 문제를 은폐하며, 그 결과 참된 저항을 방해한다는 데 있다. 어려운 저항. **참을 수 없는 저항의 어려움**.

본질주의로 경도된 페미니즘 운동은 저항이라

기보다는 차라리 집단이기주의의 발현이었다. 서구의 젊은 백인 중산층 페미니스트들은 '여성' 이데올로기의 지도하에 자신들의 집단을 숭배했고, 그렇게 자신들의 집단의 이익에 철저히 집중했다.

그 결과 그녀들은 다른 집단에 속하는 여성들을 배제할 수밖에 없었다. 백인이며, 중산층이며, 유럽 및 북미에 거주하는 젊은 페미니스트들은 '서구의 젊은 백인 중산층 여성 집단'이라는 집단적 정체성 속에서 자신들의 이익을 위해 똘똘 뭉쳤던 것이다. 물론 그녀들의 이기주의는 의도된 것이 아니라 이데올로기적 효과였다. 인종, 재산, 지역, 연령에 있어서 상대적 우위를 점하고 있었던 그녀들에게 유일하게 결핍된 것은 양성평등이었으리라. 성차별에서 해방될 수만 있다면, 그녀들에게 더 이상 부족한 것은 없는 셈이었다. 바로 그렇기에 그녀들은 부지불식간에 성해방에만 온전히 집중했고, 바로 그렇기에 그녀들은 부지불식간에 그녀들과는 다른 집단에 속하는 여성들의 문제, 즉 그녀들의 집단적 정체성 '바깥'에 있는 문제인 인종적, 계급적, 지역적, 연령적 문제를 배제할 수 있었던 것이다. 요컨대 '여성' 이데올로기에 사로잡혀 있었던 그녀들은 자신들의 집단적 정체성 '안'에만 머물러 있었을 뿐, 그 '바깥'의 문제들을 향해 나가려는 시도는 할 수 없었던 것이다. 자신들이 속한 집단의 이익에만 충실했던, 오직 자기 자신들만을 지시할 뿐 결코 자신들 바깥을 지시할 수는 없었던 페미니스트들에게 다른 집단에 속하는 여성들의 문제들은 '사소한 것'일 수밖에 없었다. 유색인종이 아니기에 인종차별 사회 속에서 피해자이기보다는 오히려 가해자인 그녀들에게, 저소득층이 아니기에 자본주의 사회 속에서 피해자이기보다는 오히려 가해자인 그녀들에게, 제3세계에 거주하는 것이 아니기에 전-지구적 권력관계 속에서 피해자이기보다는 오히려 가해자인 그녀들에게, 나이든 것이 아니기에 노년차별이 행해지는 문화 속에서 피해자이기보다는 오히려 가해자인 그녀들에게 인종차별 문제, 계급차별 문제, 제3세계 문제, 노년차별 문제 등은 자신들이 실제로 경험하고 있는 성차별보다 '덜' 근원적인 억압일 수밖에 없었던 것이다.

결국 그녀들에게 자신들의 집단적 정체성 '바깥'에 있는 문제들은 얼마든지 간과하거나 저평가할 수 있는 '사소한' 문제들에 지나지 않았던 것이다. 하지만 그녀들은 이 사실을 자각할 수 없었다. 이데올로기에 빠져서 상징적 질서에 순응했기 때문이다. 그렇다면 '바깥'으로 향하지 못했던 페미니스트 운동은 자기 지시적인 운동에 불과했던 것일까? 달리 말해서, 지금까지의 페미니스트 운동은 에이콘이라기보다는 판타스마였던 것일까?

4. 아방가르드의 정치적 딜레마와 페미니즘의 딜레마: 판타스마냐 에이콘이냐

'아방가르드 avant-garde'라는 단어는 오늘날 모더니즘 미술에 관해 논의할 때 매우 자주 사용되는 용어이다. '아방가르드'는 본래 '전위', 즉 대단위 주력부대의 진군에 앞서 정찰이나 복병 확인 목적을 위해 주력부대보다 먼저 나가는 소규모 돌격대나 정찰대를 뜻하는 군사용어였다.

그렇다면 '아방가르드'가 예술적 의미를 지니게 된 계기는 무엇인가? 이 용어를 예술에 최초로 적용한 이들은 19세기 프랑스의 유토피아적 사회주의자들이었던 생시몽주의자들Saint-Simonien이었다. 생시몽주의자들은 인류의 미래를 구원할 수 있을 힘이 예술가에게 있다고 주장하며 예술가에게 미래 사회를 열어가는 행군의 가장 선두에 서는 특권적인 위치를 부여했던 것이다.

그런데 여기서 우리가 주목해야만 할 것은 '아방가르드'라는 용어를 예술가들에게 적용시킨 이들이 예술가들 자신이 아니라 생시몽주의자들, 즉 정치사상가들이었다는 사실이다. 실제로 이 시기(19세기 전반기)에 정작 예술가들은 스스로를 지칭하기 위해 '아방가르드'라는 용어를 별로 사용하지 않았다. 이것은 곧 예술적 아방가르드라는 용어가 이 시기에 오직 정치적인 영역에서만 사용되었다는 것을 뜻한다.

결국 예술가들에게 붙여졌던 '아방가르드'라는 딱지는 예술의 영역의 바깥인 정치에서 유래했던 것이다. 말하자면, 이 용어는 정치사상가들에 의해서 일방적으로 예술가들에게 붙여졌던 타율적인 이름표였던 셈이다.

프레이즈G.Fraisse는 『이성의 뮤즈: 데모크리토스와 프랑스에서 여성의 배제Muse de la Rasion: Démocrite et exclusion des femmes en France』(1995)에서 '페미니스트féministe'라는 용어가 의학 용어로는 남성의 여성화를 나타내기 위해 처음 사용되었고, 정치적 용어로는 여성의 남성화를 묘사하기 위해 처음 사용되었다고 지적한다.

'페미니스트'라는 용어는 1871년에 프랑스에서 출간된 한 의학서적에서 몸이 '여성화'되는 고통을 겪던 남성환자들의 성기관과 성징 발달상의 정지를 묘사하기 위해 처음 사용되었던 것으로 보인다. 그러고 나서 1872년에 작가인 알렉상드르 뒤마 피스는 간통을 주제로 쓴 〈남성-여성 l'homme-femme〉이라는 제목의 팸플릿에서, 남성적이라고 여겨지는 방식으로 행동하는 여성들을 묘사하기 위해 이 용어를 사용했다.

여기서 우리가 주목해야 할 것은 '페미니스트'라는 용어가 여성들 자신이 아닌 남성들에 의해서 최초로 사용되었다는 사실이다. 결국 저 용어는 '여성'의 바깥에서 남성들에 의해 붙여진 이름인 것이다. 이와 같이, 여성들에게 붙여진 '페미니스트'라는 명칭과 예술가들에게 붙여진 '아방가르드'라는 명칭은 모두 외부로부터 명명되었다는 점에서 서로 닮은 셈이다. 하지만 나는 이 둘이 단지 명명의 유래뿐 아니라 정치와의 관계에서도 유사성을 지니고 있음을 보여 주고자 한다.

'아방가르드 예술가'라는 명명의 주체가 예술가들 자신이 아니라 정치사상가들이었다는 역사적 사실이 보여 주는 것은 예술적 아방가르드와 정치적 아방가르드 간의 비대칭적인 관계, 즉 종속관계이다.

19세기 전반기의 예술적 아방가르드는 정치적 아방가르드에 종속되어 있었던 것이다. 사실 생시몽주의가 예술가를 보는 관점은 이중적이었다. 한편으로, 예술가는 사회적 변혁을 향한 운동의 최전방에 위치할 수 있는 지도자적 자격을 지닌 자로 간주되며 찬양되었다. 하지만 이 관점에서 예술가의 자유는 간과된 것으로 보인다. 왜냐하면 여기서 예술가는 바로 예술가에게 지도적 위치를 부여했던 생시몽주의자들이 구상한 인류 구원 프로그램을 수행해야만 하는 종속적 위치에 처해 있기 때문이다. 이것은 곧 예술가의 역할이 정치에 의해 규정된다는 것을 뜻하며, 따라서 생시몽주의자들이 제시했던 예술적 아방가르드와 정치적 아방가르드의 관계는 종속관계였다고 볼 수 있다. 이렇게 볼 때, 예술적 아방가르드는 1860년대까지는 독자적으로 존재한 적이 없다고 볼 수 있다. 즉 자율적으로 존재하지 못하고 오직 외부에 의존한 채로만 존재했던 것이다.

하지만 1870년대에 들어서면서부터 상황이 달라진다. 이 시기에 예술적 아방가르드는 정치적 아방가르드에 대한 종속으로부터 벗어나 독자성을 확보하기 시작했던 것이다. 이제 예술적 아방가르드와 정치적 아방가르드는 서로 대등한 관계 속에서 연합을 도모하기 시작한다. 바로 이 시기에 파리 코뮌Paris Commune을 지지했던 랭보Arthur Rimbaud는 '견자voyant'이자 '진보를 증식시키는 자multiplicateur de progrès'로서의 시인이라는 구상을 발전시켰다. 여기서 '견자'란 가장 멀리 내다보는 사람, 즉 예언자를 의미한다. 랭보는 시인이 다른 사람들이 아직 보지 못한 것에 도달할 수 있어야 하고, 그래서 완전히 새로운 언어를 발명해 낼 수 있어야만 한다고 생각했던 것이다.

랭보의 견자로서의 시인이라는 예술가 개념은 19세기 전반부의 예술적 아방가르드 개념과 무엇이 다른가? 랭보가 말하는 시인은 이미 존재하는 역사철학에 의존하고 있지 않다. 그리고 이것은 곧 시인이 정치가들이 마련해 놓은 인류 해방 프로그램을 따라가는 사람이 아니라는 것을 뜻한다. 달리 말해, 시는 '아방가르드'라는 말 그대로 '앞서 있는' 것이다. 이러한 새로운 이해와 더불어 예술적 아방가르드는 더 이상 정치에 종속되지 않은 상태에서 정치적 아방가르드와 대등한 통합을 이루게 된다.

하지만 정치에 더 이상 종속되지 않는 상태에서 정치적 아방가르드와 대등한 통합을 이룬 1870년대 예술적 아방가르드의 개념 속에는 이미 정치적 아방가르드로부터 분리될 가능성이 내포되어 있었다.

그리고 정치로부터 독립한 아방가르드는 정치와 불편한 관계를 맺을 수밖에 없었다. 이것이 바로 뷔르거Peter Bürger가 주장하는 아방가르드의 '아포리아aporia', 즉 일종의 정치적 딜레마이다.

'아포리아'는 답을 찾을 수 없어 당혹스러운 상태를 의미한다. 소크라테스는 대화 상대자를 아포리아에 빠지게 하고는 했는데, 아포리아에 빠진 사람은 주어진 주제에 대해서 알고 있다는 착각에서 벗어난 사람이기에 더 이상 판단을 할 수 없다. 이처럼, 어떤 주제에 대해서든 생각이나 말, 또는 판단을 할 수 없는 당혹스러운 상태, 즉 확고한 가치관이 붕괴된 상태가 바로 아포리아이다. 그렇다면 뷔르거가 주장하고자 하는 것은 예술적 아방가르드가 정치와의 관계에 있어서 이러한 당혹스러운 상태, 즉 이도 저도 할 수 없는 답이 없는 상태에 처하게 되었다는 것에 다름 아니리라.

왜 아방가르드 예술은 정치와 관계해서 아포리

아에 빠질 수밖에 없는가? 문제는 예술의 자율성이라는 사회로부터의 *분리*의 열망과 삶을 변혁시키려는 사회적 *참여*의 열망이 서로 충돌한다는 것이다. 그리고 이러한 상황을 우리는 자기지시적인 판타스마와 자기 바깥을 지시하는 에이콘 간의 충돌 상황으로 간주할 수 있을 것이다. 1870년대의 예술적 아방가르드 개념을 만들어 내었던 파리 코뮌 세대의 예술가들은 예술의 변혁을 삶의 변혁과 동일시했다. 그리고 삶이 근본적으로 변화해야만 한다는 이러한 생각은 예술적 아방가르드가 정치적 아방가르드와 공유했던 공통전제였다고 할 수 있다. 이 둘은 모두 유토피아를 지향했던 것이다.

삶의 변혁을 원하는 아방가르드 예술가는 예술의 자율성을 '넘어서' 삶으로 향해 나아가야만 한다. 하지만 이미 이 시기에 예술의 자율성은 자율적이고 내향적이고, 자기지시적이며, 자기비판적인 예술의 관행이라는 형태로 자리잡아가고 있었다. 아방가르드 예술가들은 이러한 예술이 삶의 실천으로부터 떨어져나와 현실로부터 유리된 것이라 생각했고, 그러한 이유로 예술의 자율성을 부정했다.

바로 이것이 아방가르드를 '반예술적 부정주의'라고 규정할 수 있는 이유이다. 예를 들어, 이탈리아 미래주의자들은 과학기술과 전쟁을 미화시키며 예술을 사회적 삶에 종속시킴으로써 예술의 자율성을 부정했다. 또 다다이스트들은 해프닝같은 퍼포먼스를 통해서 예술이라는 제도 자체를 조롱하고 거부했다. 그리고 초현실주의자들은 자율성이라는 명목으로 삶과 단절되어 있었던 예술의 잠재력이, 즉 삶으로부터 유리된 예술의 힘이 삶의 실천을 되살리기 위해 사용되어야만 한다고 믿었고, 그렇기에 그들은 인간의 정신 깊은 곳에 위치한 미지의 영역인 무의식 속에서 부르주아 모더니티에 대항할 수 있는 힘을 끌어내고자 시도했다. 구체적 삶에의 참여라는 실천으로부터 유리된 예술제도(예술의 자율성)를 타파하고 삶의 변혁에 기여하는 것이야말로 예술적 아방가르드의 근본 기획이었던 것이다.

하지만 아방가르드 예술가들은 어디까지나 예술가들이었다. 그들은 단지 예술의 자율성 속에 갇힌 예술 제도의 해체만을 원했던 것이 아니라 동시에 구속적이며 형식적인 이전의 예술 전통과는 구별되는 전적으로 새로운 창조를 추구할 수 있는 자유도 원했던 것이다.

이것은 예술적 아방가르드가 비록 삶의 변혁이라는 점에 있어서 정치적 아방가르드와 공조했고, 또 그렇기에 예술적 자율성을 넘어서고자 했지만, 그럼에도 불구하고 예술적 아방가르드가 예술적 자율성을 완전히 포기할 수는 없었다는 것을 뜻한다.

문제는 여기에서 발생한다. 더 이상 특정한 정치사상에 종속되지 않은 상태에서 아방가르드 예술의 구속받지 않는 자유로운 창조 이념(사회로부터의 *분리*)은 정치적 봉사(사회적 *참여*)와 충돌할 수밖에 없었던 것이다. 그 이유는 당시에 예술가가 정치에 참여하다는 것은 곧 프로파간다를 목적으로 하는 관습적인 예술작품을, 제작하는 것을 의미했기 때문이다. 정치적 아방가르드로부터 독립된 예술을 추구했던 예술가들은 창조의 자유를 특정한 정치적 선전이라는 목적을 위해 희생하는 것을 용납할 수 없었을 것이다. 따라서 정치 이념을 선전하기 위한 목적으로 예술을 정치적 선전활동이라는 틀 속에만 국한시키는 것은 그들의 예술적 자유에 대한 모독으로 여겨졌을 것이다.

생각해 보자. 정치적 선전을 위해서는 전통적이고 관습적인 창작방식, 즉 평범한 창작방식을 사용하는 것이 보다 효율적일 수밖에 없다. 게다가 대중에게 어떤 메시지를 전달하기 위해서는 이해하기 힘든 난해한 작업은 기피해야만 할 것이다. 따라서 정치적 선전을 목적으로 하는 예술 작품은 극단적으로 단순화된 형태를 취하기 마련이다.

하지만 문제는 아방가르드 예술가들의 창조의 자유에 대한 집념이었다. 이들은 일부러 일반 대중의 양식적 기대를 저버리는 작품들을 제작하고는 했던 것이다. 예술의 한계를 시험해 보고자 하는 극단적인 실험정신을 가진 이들 예술가들에게 있어서 정치 선전을 위해 단순화된 평범한 예술작품을 만들어낸다는 것은 진부하고 의미없는 일로 여겨질 수밖에 없었을 것이다.

바로 여기에 예술적 아방가르드가 정치와의 관계에 있어서 갖게 될 수밖에 없는 딜레마가 있다. 즉 예술적 아방가르드가 예술의 독립성과 혁명적 잠재력을 주장하는 반면에, 정치적 아방가르드는 예술이 정치적 혁명가들의 요구에 따라야 한다고 생각하는 경향이 있었던 것이다.

결국 뷔르거는 예술적 아방가르드가 사회적 변혁이나 혁명에 진지하게 관여하게 될 경우 좌익이든 우익이든 급진적인 정치사상과 연루될 수밖에 없는

데, 여기서 귀결되는 것은 다음의 두 가지 중 하나일 수밖에 없다고 주장한다. 즉 예술적 아방가르드는 파시즘에 흡수된 몇몇 이탈리아 미래주의자들의 경우처럼 그것이 지지하는 정치 운동에 흡수되거나 아니면 공산당과 심각한 갈등관계에 빠졌던 초현실주의자들의 경우처럼 정치로부터의 독립성을 강조하는 가운데 정치 운동과 심각한 갈등 관계에 빠질 수밖에 없다는 것이다. 이것이 바로 뷔르거가 말하는 역사적 아방가르드의 정치적 딜레마이다.

정치와의 관계에 있어서 아방가르드가 직면했던 딜레마와 유사한 딜레마를 오늘날의 페미니즘도 역시 마주하고 있는 것으로 보인다. 우리가 앞에서 보았던 흑인 페미니스트들, 마르크스주의 페미니스트들, 제3세계 페미니스트들 등이 제기한 문제들은 서구의 백인 중산층 페미니스트들이 본질주의적으로 경도된 '여성'의 보편적 모델에 대해 심각하게 재고해야만 하는 상황을 만들었다. 왜냐하면 페미니스트들은 그간 그녀들이 간과해 왔던 여성들 간의 다양한 층위의 차이들을 인식해야만 한다는 요청을 받게 되었기 때문이다.

하지만 '여성'에 대한 본질주의적 전제를 포기한다는 것은 '모든' 여성들에게 적용 가능한 보편적 이론을 포기해야만 한다는 것을 의미한다. 이러한 상황에서 오늘날의 페미니스트들은 아방가르드의 정치적 딜레마에 못지 않은 심각한 딜레마에 직면하게 되었다. 즉 페미니스트들은 '여성'이라는 집단적 정체성을 고수하며 모든 다른 약자들을 지키기 위한 운동들로부터 고립될 것인지, 아니면 이러한 다양한 운동들에 흡수될 것인지 선택해야만 하는 상황에 처하게 된 것이다.

만일 본질주의를 포기하지 않고 전자를 택한다면 페미니스트 운동은 백인 중산층 여성들의 특권만 앞세운다는 비판에 노출되는 동시에 다른 생활정치 운동들과 갈등관계에 빠질 수밖에 없다. 반면 후자를 택한다면, 페미니스트 운동은 '여성'이라는 집단적 정체성을 포기해야만 할 것이며, 이와 더불어 페미니스트 운동은 구심점을 잃고 산산히 흩어져서 다른 운동들 속으로 분산될 수밖에 없을 것이다.

이 상황을 우리의 맥락에서 표현해 보자면, 오늘날 페미니즘 운동은 판타스마로 남아서 자기 지시적 폐쇄 속에 갇혀 버린 채 '거짓' 저항으로 전락해 버릴 것인지, 아니면 '참된' 에이콘이 되어서 '바깥'을 향해 나아갈 것인지를 선택할 기로에 서 있는 것이다.

중요한 것은 이러한 선택의 기로에 처한 저항의 난점이 단지 페미니스트적 저항의 문제에만 국한되는 것이 아니라는 사실이다. 이것은 오늘날 모든 저항이 직면하고 있는 문제이기도 한 것이다. 냉전 시대 종식 이후, 자본주의의 '상징적' 승리 앞에서 좌절된 마르크스주의적 계급 이데올로기가 사라져 간 이래로, 모든 약자들의 모든 저항들은 선택의 기로에 놓여 있는 것이다. 고립되어 '거짓' 저항이 되든지, 아니면 연대라는 이름을 가진 바깥으로 사라져 갈 것인지.

3장에서 우리는 여성들이 서로를 '이상화'해서도 안 되며, 마찬가지로 서로를 '악마화'해서도 안 된다는 것을 보았다. 마찬가지로, 여성 외의 다른 약자들도 역시 서로를 이상화해서도, 악마화해서도 안 된다. 우리는 오늘날 약자들의 저항이 지니게 된 근본적인 양가성을, 판타스마나 에이콘이 될 수 있는 이중적 가능성을 직시해야만 한다. 오늘날 모든 종류의 약자들은 선택을 강요받고 있는 것이다. 홀로 남아 소수자들의 집단이기주의를 구현하는 가운데 저항하는 꿈속에 빠져들거나, 아니면 약자들의 불가능한 연대를 참으로 꿈꾸거나.

결론

"Il est beau. [...] comme la rencontre fortuite sur une table de dissection d'une machine à coudre et d'un parapluie!"

- Comte de Lautréamont, Les Chants de Maldoror

"아름답다. [...] 마치 해부대 위에서의 재봉틀과 우산의 우연한 만남처럼!"

- 로트레아몽, 〈말도로르의 노래〉

이제 여태까지의 논의를 정리해 보자.[1] 왜 메갈의 그녀들은 '여성'이라는 이데올로기를, 우상을 섬길 수밖에 없었는가? 에이콘이 지시하는 바깥의 것들과 관계한다는 것은 결코 쉬운 일이 아니었기 때문이리라. 손쉽고 즐겁게 섬길 수 있는 우상숭배 '안에' 머무르는 대신에 우상숭배 '바깥'에 있는 보이지 않는 약자들을 향해, 즉 '여성'과는 다른 약자들을 향해 나아간다는 것은 어려운 일이었기 때문이리라. 배제되어 있기에 잘 보이지도 않는 이 약자들을 억압하고 있는 역시 보이지 않는 구조적 질서들에 저 약자들과 함께 저항한다는 것은 어렵고 고된 일이었기 때문이리라. 여성이 차별받는 현실에 대해서 공부하고, 고민하고, 적절한 물음과 문제를 제기하고, 더 나아가서 신자유주의 질서가 초래한 사회 양극화 문제, 지정학적 문제, 정치적 문제, 인종차별

---

1. 결론 부분을 읽는 동안 '3호선 버터플라이'의 〈꿈꾸는 나비〉(2010)라는 곡을 반복 재생해서 들을 것을 권한다.

문제, 이성애중심주의적 문화 문제, 장애인혐오 문제, 노인혐오 문제, 빈민 배제 문제 등의 다른 문제들을 발견하고, 이 문제들이 심층적인 구조적 문제들과 연관이 있음을 이해하려 시도하고, 그리고 여성 '바깥'의 또 다른 약자들과 연관된 이 모든 문제들이 사실상 여성문제와 불가분리하게 얽혀 있음을 발견하고, 그렇게 다른 약자들을 찾아내서 그들과 연대해 함께 저항하는 것을 모색하는 것은 어렵고 고된 일이었기 때문이리라.

하지만 이것은 단지 메갈뿐만 아니라 모든 약자들, 그리고 저항하고자 하는 모든 이들에게 해당되는 문제이다. 생텍쥐페리의 『어린왕자 Le petit prince』에서 어린왕자와 작별하게 된 여우는 비밀 하나를 알려주겠다면서 어린왕자에게 이렇게 말한다:

"Voici mon secret. Il est très simple: on ne voit bien qu'avec le coeur. L'essentiel est invisible pour les yeux."

"이게 내 비밀이야. 아주 간단해. 즉 사람들은 오직 마음을 통해서만 볼 수 있어. 본질적인 것들은 눈에 보이지 않아."

본질적인 것은 눈에 보이지 않는다. 현란하고 그럴 듯해 보이는 눈에 보이는 표면적 현상들 속에서는, 실재를 지시하지 않고 자기 자신만을 지시하는 판타스마 속에서는 그것이 지시해야만 할 참된 약자들이 누구인지 왜 그리고 어떻게 그들이 고통받고 있는지 보이지 않는다. 또 바로 그렇기에 문제를 해결할 참된 단초도 가려진다. 그래서 우리는 보이지 않는 것들을 보려고, 표면적 현상이 아니라 심층적 구조를 보려고 굳이 힘들게 노력해야만 하는 것이다. 보이지 않는 바로 그 장소가 우리가 지켜 줘야만 할 타자들에게로 이끌어 주는 장소이기 때문이다.

가장 본질적인 것을 보기 위해 가장 본질적인 것은 바로 약자들을 지켜 주고자 하는 마음, 즉 윤리적 태도이다. 우리는 메갈을 그녀들을 지켜 주기 위해 메갈의 미러링에 반대해야만 한다. 메갈의 미러링을 에이콘으로 받아들이기 위해서는, '거짓' 저항이 아니라 '참된' 저항을 꿈꾸기 위해서는 우리는 메갈의 미러링에 반대해야만 한다. 다만 이 반대는 오직 메갈의 그녀들을 지켜 주기 위한 목적으로 행해져야만 한다. 어려워 보이는가? '거짓' 저항은 쉬운 법이다. 그렇기에 결과도 저렴하다. 반면에 '참된' 저항은 어려운 법이다.

메갈의 미러링은 '참된' 저항이 아니었다. 그렇기에 메갈이 행한 거친 표현은 '나쁜' 표현이다. 그리고 메갈의 미러링은 현실을 있는 그대로 반영한 결과가 아니라 상징적 질서의 매개에 의해서 왜곡된 현실의 인식을 반영한 결과였다. 즉 거울질의 거울질, 미러링의 미러링이었던 것이다.

결국, 메갈은 판타스마였다. 그러나 중요한 것은 이것이다. 비록 모든 현실적인 인식이 최종적으로는 판타스마에 불과하다면, 그렇기에 '참된' 에이콘은 현실적으로 불가능하다고 하더라도 현실적인 것,

실재적인 것은 전도된 거울질인 판타스마를 통해서가 아니라면, 자기지시적인 폐쇄적 이데올로기 현상을 통해서가 아니라면 나타날 길이 없다는 것이다. 문제는 현실을 은폐하는 인식적 실천인 미러링이라는 판타스마 없이는 현실은 탈-은폐될 수 없다는 사실이다. 현실에 대한 전도되고 왜곡된 인식으로서의 판타스마는 현실을 은폐하는 장애물인 동시에 현실로 향해 열린 창, 즉 에이콘이기도 한 것이다.

그렇다. 메갈의 미러링은 여전히 판타스마인 동시에 에이콘일 수 있다. 한편으로는 미러링은 그저 우상숭배에 불과한 여성 이데올로기에 빠진 판타스마에 불과할 뿐이다. 하지만 다른 한편으로는 미러링은 우리 사회에서 행해지는 배제의 폭력을 낳는 상징적 질서와 이 질서를 조건 짓는 자본주의 체제를 가리키는 에이콘으로서도 해석될 수도 있다. 그렇기에 문제는 현실을 가리고 있는 표면적 거울을, 미러링이라는 판타스마적 외피를 벗겨 내고 그 심층에 자리하고 있는 메갈의 상징적 질서를 간파해 내는 것이다. 즉 해석의 힘을 통해서 판타스마를 에이콘으로 전환시키는 것이다. 이러한 해석은 이론적 인식일 수도 있고 실천일 수도 있다. 마치 메갈의 미러링이 그 자체로 거짓 인식인 동시에 거짓 실천이었던 것처럼 말이다. 결국 '참된' 저항은 오직 에이콘적으로만 가능한 것이다.

하지만 판타스마를 에이콘으로 해석한다는 것은 즉, 메갈의 미러링을 상징적 질서를 지시하는 창으로 해석한다는 것은 결코 쉬운 일이 아니다.(다시금 강조하지만 가장 본질적인 것을 보기 위해 가장 본질적인 것은 바로 약자들을 지켜 주고자 하는 마음이다.) 실제로 메갈의 미러링에 반대하던 사람들 중의 많은 이들, 그중에서도 특히 역사학자인 전우용과 인터넷 커뮤니티인 '오유'(오늘의 유머)는 메갈을 오직 판타스마로서만 해석했다. 그리고 이러한 해석의 결과는 메갈의 '나쁜' 표현보다 '더 나쁜 표현'이었다. 오유로 대표될 수 있을 메갈 반대자들이 메갈을 옹호한다는 이유로 넥슨의 여성 성우나 레진의 웹툰 작가들에게 행한 표현은 메갈의 '나쁜' 표현보다 '더 나쁜 표현'이었다. 왜냐하면 그들의 '표현'은 표현의 자유를 거의 강제적으로 규제하는 표현이었기 때문이다. 누군가가 지닌 사상의 자유와 표현의 자유를 그 사람의 밥그릇을 담보로 해서 위협하는 것은 못된 정권이나 자행하는 무척 '나쁜' 표현이며, 상당히 질이 안 좋은 폭력이다. 그리고 오유를 필두로 한 몇몇 인터넷 유저들은 바로 이러한 메갈의 미러링보다 '더 나쁜' 표현을 자행했던 것이다.

이들에 의해 행해진 자발적 소비자 운동의 형태로 개진되었던 불매운동이 노린 대상은 기존의 '좋은(?)' 소비자 운동에 있어서처럼 사측이나 기업주가 아니라 계약직에 종사하는 성우 혹은 작가들이었다. 이것은 엄청난 폭력이다. 시민이 다른 일반 시민에게 행하는 표현의 자유에 대한 그 어떠한 규제도 정당화될 수 없다. 체 게바라의 말처럼, 비열한 수단은 목적을 정당화시킬 수 없다. 이러한 폭력은 메갈의 미러링과 마찬가지로 우리 사회의 배제의 폭력 관계를 그대로 반영하고 있다는 점에서 메갈과 동일하지만, 그것이 야기하는 실제적인 효과, 즉 표현의 자유를 억압하는 효과로 인해서 메갈의 미러링보다 '더 나쁜' 표현일 수밖에 없다.

사실 메갈에 반대해서 '더 나쁜' 표현을 행했던 오유 역시 판타스마인 동시에 에이콘이었다. 비록 오유가 넥슨 성우나 웹툰 작가들 관련해서 표현의 자유를 억압하는 배제를 행사하는 판타스마로서 나타나긴 했지만, 원래 오유는 여성 약자들의 문제에 대해서 여타의 남초 커뮤니티보다 월등히 높은 관심을 지속적으로 보여 왔던 인터넷 커뮤니티였다. 특히 메갈 관련 '더 나쁜' 표현의 와중에서도 오유에서는 결혼 후 친척 호칭 문제라는 사소한 생활문제를 통해서 여성문제에 접근하려는 시도가 있었고, 사람들은 진지하게 이 문제에 대해 토론했다. 말하자면, 오유의 회원들은 계기만 주어진다면 그 누구보다도 더 많이 배제된 자들을 위해 토론하고, 저항할 수 있는 여력을 지닌 이들이었던 것이다.

그러나 '참된' 저항은 어려운 일이었을 것이다. 사실 에이콘적으로 사고한다는 것은, 즉 암묵적으로 배제된 자들을 인식하고, 더 나아가 '우리'와 동등한 존재자로 인정하는 것은 매우 어려운 일이다. 왜냐하면 우리가 이미 갖고 있는 인식의 틀인 상징적 질서를 통해서는 포착될 수 없는 배제된 자들이 언제나 존재하기 때문이다. 말하자면, 우리의 인식의 틀 자체가 배제라는 폭력을 행사하고 있는 것이다. 그리고 우리는 언제나 이러한 제한된 틀만을, 배제를 야기할 수밖에 없는 배타적 틀만을 가질 수 있을 뿐이다. 따라서 우리는 끊임없이 이 틀을 포착해서 깨뜨리려는 노력을 수행해야만 한다. 비판하고, 해체하고, 재구성해야만 한다. 그러나 저 틀은 보이지 않으며, 끊임 없이 배제를 은폐한다. 그러므로 '깨어 있는 시민들'의 연대는 무한한 과제이다. 이것은 곧 자신들이 '깨어 있는 시민들'이라고 자처하면서 약자들에 대한 명시적 배제를 행하는 이들이, 혹은 약자들에게 암묵적 배제를 행하면서도 이것을 깨닫지 못한 채 자신들이 '깨어 있는 시민들'이라는 사실에서 도덕적 자부심을 느끼는 이들이 사실상 상징적 질서에, (민족주의이든 국가주의이든) 이데올로기에, 우상 숭배에 빠져 있음을 의미한다. 그렇다. '참된' 저항은 어려운 법이다. 여기서 중요한 문제는 '메갈 현상을 해석한다고 할 때, 그 해석의 주체는 누구인가?'라는 물음이다. 어떤 주체가 해석하는가? 이 물음이 중요한 이유는 해석하는 주체가 어떤 주체인지에 따라서 메갈은 때로는 순전한 판타스마로, 때로는 에이콘으로 나타날 수 있기 때문이다.

우리는 메갈의 미러링을 단순한 자기지시적인 예술작품처럼, 즉 판타스마처럼 감상할 수도 있다.

이러한 감상은 어떻게 가능한가? 그것은 '무관심성 Interesselogigkeit'에 의해서 가능하다. '미적aesthetic' 경험은 다른 경험들과 구별되는지, 그리고 만일 그렇다고 한다면, 어떤 점에서 미적 경험은 여타의 경험들과 구별되는 것인지를 묻는 질문에 대해 미학자들이 제시하는 구별의 척도는 '미적 태도'의 유무이다. 미적 경험과 다른 경험들 간의 차이는 경험에 임하는 자세 혹은 태도의 차이에서 기인한다는 것이다.

스톨니츠Jerome Stolnitz에 의하면 '미적 경험'이란 '미적 태도가 유지되고 있는 동안 가지게 되는 경험'이다. 하지만 만일 미적 경험이 다른 경험들과 구분되는 이유가 미적 경험에서 우리가 취하는 미적 태도 때문이라고 한다면, 여기서 '미적' 태도란 도대체 무엇을 의미하는가? 어떤 대상을 미적 태도를 갖고 경험한다는 것은 구체적으로 무엇을 뜻하는가?

미적 경험에 관한 이 질문들과 관련해서 '무관심성' 개념은 핵심적인 역할을 한다. 왜냐하면 미적 태도의 가장 두드러진 특성이 바로 무관심성이기 때문이다. 대개의 경우 우리는 하나의 대상을 그것의 유용성의 여부에 의거해서 바라본다. 이것은 곧 우리가 대상을 우리 자신의 '이해관계interrest'를 따라서 바라본다는 것을 뜻한다. 이해관계를 따라서 무언가를 본다는 것은 어떤 관심을 가지고 본다는 것을 의미한다. 일상 속에서 우리는 '이것을 가지고 내가 무엇을 할 수 있을지 그리고 이것이 나에게 무엇을 해 줄 수 있을지'에 관심을 가지고, 즉 (그것이 소유하려는 관심이든 인식적 관심이든, 또는 도덕적 관심이든!) 이러 저러한 관심과 더불어 대상을 바라보는 것이다.

하지만 이것은 대상을 있는 그대로 바라보는 태도가 아니다. 결국 일상의 경험에서 우리가 어떤 대상을 바라 볼 경우, 우리는 그것을 있는 그대로 보는 것이 아니라 그 대상이 우리의 목적에 기여하는지 그렇지 않은지의 여부에 따라서 보는 것이다.

이와는 달리, 미적 태도는 대상을 그것이 보이는 그대로, 들리는 그대로, 또는 느껴지는 그대로 단순히 향유하기 위해서 주목하는 태도이다. 이러한 태도에서 배제되고 있는 것은 바로 나의 이해관계, 나의 고유한 관심들이다. 바로 이러한 의미에서, 미적 태도는 무엇보다도 *무관심적* 태도이다. 미적 태도를 취할 경우 나는 경험의 대상을 유용성의 관점에서 혹은 나의 이익이라는 관점에서 바라보는 것이 아니라 오히려 경제적 관심이나 도덕적 관심, 혹은 인식적 관심을 배제하고 있는 것이다. 요컨대, 나의 이해관계와 무관하게 대상을 그것 자체를 위해서 바라보는 태도, 즉 무관심적 태도가 바로 미적 태도인 것이다.

메갈의 미러링을 판타스마로 해석할 것인지 아니면 에이콘으로 해석할 것인지의 문제와 관련해서 무관심성이 우리에게 알려주는 것은 무엇인가? 그것은 만일 내가 미러링을 자기지시적인 예술작품,

즉 판타스마로 해석한다면, 그 이유는 내가 무관심적 태도로 미러링을 바라보고 있있기 때문이라는 사실이다.

무관심적 태도는 작품의 바깥에 있는 것들에 대한 모든 관심들을 배제한 상태이다. 따라서 만일 무관심적 태도에서 유일한 관심이 존재한다면, 그것은 오직 대상 그 자체만을 위한 관심일 수밖에 없을 것이다. 무관심적 태도란 대상 그 자체를 위한 관심을 제외하고는 그 어떠한 다른 관심도 없는 태도이다. 여기서 관건은 오직 대상 그 자체에 대한 나의 쾌나 불쾌, 즉 취향의 문제일 뿐이다. 그러므로 만일 내가 메갈의 미러링에서 오직 불쾌감만을 느끼다면, 만일 내가 메갈의 미러링이 내게 주는 불쾌감을 제외한 다른 것들에 관심을 두지 않는다면, 나는 메갈에 대해서 일종의 무관심적 태도를 취하고 있는 것이다. 즉 나는 예술작품을 대하는 관람객의 태도를 갖고서 메갈의 미러링을 대하고 있는 것이다.

그러나 타인들의 나타남, 타인들이라는 현상은 한갓 예술작품이 아니다. 그렇기에 메갈의 그녀들이 행한 미러링도 한갓 예술작품이 아니다. 물론 그것은 예술작품처럼 보일 수 있으며, 판타스마처럼 보일 수 있으며, 불쾌한 미적 판단을 내게 줄 수 있다. 하지만 약자들의 고통스러운 나타남, 즉 고통받고 있는 약자들의 나타남이 내게 주는 고통은(!) 도대체가 한갓 예술작품 감상의 결과일 수가 없는 것이다. 혐오표현을 경계하고, 또 반대하는 것은 옳은 일이다. 하지만 (도덕적으로 나쁜 예술에 대해 검열을 시도하는 것이 옳지 않은 것처럼) 혐오표현을 강제력으로 막으려는 시도는 옳지 않다. 우리는 언제나 표현의 자유에 대한 존중을 혐오표현의 혐오보다 우선시해야만 한다. 왜냐하면 모든 표현은 언어의 수면 위로 떠오르지 못한 언어의 표현일 수 있기 때문이다. 표현될 수 없었던 것의 표현일 수 있기 때문이다. 모든 표현은 감춰진 문제의 징후이기 때문이며,

따라서 모든 표현은 심층적 문제의 표면, 껍데기에 불과할 뿐이기 때문이다.

문제는 이것이다. 약자들이 혐오표현을 할 때, 그것은 그들이 고통받고 있다는 표현일 수 있다는 것이다. 약자들은 착한 품성을 내보일 경우에만 공감받을 수 있다고 생각하는가? 그렇다면 당신은 '상식의 도덕'이라는 이데올로기에 빠져 있는 것이다. 왜 약자들이 행하는 혐오표현이 달리 표현할 수 없었기에, 즉 상식을 가진 이라면 누구나가 수긍할 수 있을 만한 세련되고 합리적인 표현을 하는 것이 불가능했기에, 분노나 증오라는 형식 이외에는 달리 선택할 여지가 없었기에, 즉 그렇게 표현의 궁지로 내몰릴 수밖에 없었기에 혐오표현이 되어 버린 상실의 표현일 수 있다고 생각하지 못하는 것인가?

메갈의 미러링은 한갓 예술작품에 지나지 않는 것이 아니었다. 그렇다면 그녀들의 (고통스러운 그리고 고통을 주는) 표현이 내게 판타스마처럼 주어지는 이유는 무엇인가? 나는 무관심적 태도를 취할 경우, 즉 어떤 뚜렷한 목적이 없는 태도를 취할 경우, 타인들의 고통이라는 현상마저도 마치 예술작품처럼 감상할 수 있다. 나는 무관심적 태도를 취할 경우, 다시 말해 도덕적 진정성을 배제하거나 타인들을 지키려는 목적을 배제할 경우, 타인들의 고통스러운 울부짖음을 초연하게 구경할 수 있다. 그렇게 나는 그들의 고통이라는 현상에 대해 어떤 취향을, 미감적 판단을 가지게 된다. 그것은 때로는 쾌라는 형태로, 그리고 때로는 불쾌라는 형태로 나타난다. 누군가가 추하게 보이는가? 누군가가 나를 지독히도 불쾌하게 하는가? 서울역 노숙자의 술판, 구걸, 냄새 등이 나를 괴롭게 하는가? 일상에서 목격하게 되는 약자들의 비도덕적 품행이나 언행이, 혹은 여당에 대한 정치적 지지의 표현이 나를 불쾌하게 만드는가? 만일 그렇다면, 그 이유는 바로 내가 그들을 판타스마로서 감상하고 있기 때문이다. 목적 없이 관람하고 있기 때문이다.

결국 윤리가 문제이다. 윤리가 목적이어야만 하는 것이다. 여기서 '윤리'란 상징적 질서에 의해 포섭된 이데올로기적 윤리, 예컨대 소위 '상식의 도덕'이 결코 아니다. 오히려 그것은 상징적 질서에서 벗어나고자 하는 윤리, 미친 윤리이다.

왜 미친 윤리인가? 자본주의 체제가 상징적 질서를 통해 우리에게 요구하는 도덕인 정상적인 도덕은 배제하는 도덕이기 때문이다. 상징적 질서에 의해 규정되는 정상적인 도덕은 약자들을 지켜 주는 것처럼 보이지만 사실상 배제한다. 그렇기에 약자들을 지켜 주고자 하는 윤리는 도대체가 정상적일 수가 없는 것이다. 하지만 이 미친 윤리에서만 '참된' 공감이 가능하다. 정상적인 도덕을 따를 경우, 예를 들자면 만일 내가 노인 약자들이 새누리당을 지지한다는 이유로 그들에게 명시적인 배제의 폭력을 행사할 경우, 또는 여성 약자들이 미러링을 행한다는 이유로 그들에게 명시적인 배제의 폭력을 행사할 경우, 또는 남성 약자들이 '남성'이라는 이유 하나만으로 그들에게 명시적인 배제의 폭력을 행사할 경우, 내가 '공감'을 아무리 소리 높여 외친다 하더라도 이것은 울리는 꽹과리이고, 징에 불과할 뿐이다. 이리저리 이데올로기들을 기웃거리는 만보객들이 이념의 쇼핑센터를 어슬렁거리면서 내는 유사-도덕적 소음에 불과한 것이다. 그렇기에 참으로 저항하고자 하는 우리는 '원수를 사랑하라'는 불가능한 이웃 사랑에, 미친 사랑에, 눈먼 사랑에 빠져 버려야만 한다. 우리가 오직 상징적 질서라는 색안경을 착용한 상태에서만 실재와 접할 수 있다는 것은 우리가 타인들을 있는 그대로 보지 못한다는 것을 뜻한다. 타인은 언제나 상징적 질서가 규정하는 카메라 옵스큐라를 통해서 전도된 거울상으로, 왜곡된 가상으로 내 눈에 나타나는 것이다. 이러한 의미에서 우리는 서로에 대해 맹목적이다. 우리는 서로를 있는 그대로 보지 못하며, 또 서로에게 가하는 폭력도 보지 못한다.

우리는 사회적으로 이슈화되고 눈에 보이는 피해에 대해서는 분노하지만, 암묵적 배제를 당하고 있기에 눈에 보이지 않는 피해에 대해서는 분노하는 경우가 드물다. 지금 우리는 최순실 관련 국정농단 사태에 대해 국가비상사태, 국가위기 운운하며 격렬하게 분노하고 있다. 하지만 암묵적 배제로 인해 구조적으로 죽어 가고 있는 가장 약한 자들의 항구적인 위기에 대해서, 이미 정상상태가 되어버린 지 오래인 가장 약한 자들이 겪고 있는 매일 매일의 예외상태에 대해서, 언제 한번 우리가 저토록 격렬하게 분노해 본 적이 있던가?

인정하자. 우리는 서로에게 장님이다. 따라서 사랑도 맹목적이어야만 한다. 사실 눈이 보인다면 어떻게 원수를 사랑할 수 있을까? 우리는 서로에 대해 장님이기에, 장님처럼 사랑해야만 한다. 미친 윤리,

미친 사랑은 보이는 것을 거부하는 것이고, 지배 이데올로기이든 저항 이데올로기이든 이데올로기적 착시 현상을 거부하는 것이며, 상징적 질서가 보여 주는 타인의 혐오스러운 모습을 거부하는 것이며, 나 자신의 도덕적 투명성을 거부하는 것이다.

 '여성' 없는 페미니즘은 불가능할까? 상징적 질서에 포섭된 저항 이데올로기를 넘어서는 약자들의 연대는 불가능할까? 상식의 도덕 속에서 가장 추하게 보이는 약자들은 아름다울 수 없는 것일까? 자본주의에게는 너무나도 낯선 연대라는 공간 속에서 재봉틀을 짊어지고 신음하는 약자들과 우산을 지팡이 삼아 절룩거리는 약자들의 우연한 만남처럼. 더 이상 잃을 것도 없는 주제에 서로가 배제해 왔던 서로를 지켜 주려는 눈먼 마음처럼. 참된 저항은 우리 사회에서 가장 추한 주제에 '원수를 사랑하라'는 맹목적 사랑에 빠져 버린 이들을, 지독할 정도로 더럽게 사랑하는 이들을 불러 모으리니, 윤리는 눈먼 예술이다.